Le Projet TRAVAIL SOCIAL HUMANISTE
The HUMANISTIC SOCIAL WORK Project

TRAVAIL SOCIAL HUMANISTE : La personnalité et les relations humaines - ressources principales de la pratique

Le Projet TRAVAIL SOCIAL HUMANISTE
The HUMANISTIC SOCIAL WORK Project

Auteur:
Petru STEFAROI

Couverture:
Ionut Platon, Petru Stefaroi

ISBN-13: 978-1539045618
ISBN-10: 1539045617

CreateSpace, Charleston SC, Amazon.com
4900 LaCross Road, North Charleston, SC 29406, USA

Broché: 238 pages

Dimensions du Produit: 15.24 x 22.86 cm / 6" x 9"

Petru Stefaroi

TRAVAIL SOCIAL HUMANISTE

*La personnalité et
les relations humaines –
ressources et valeurs
principales de la pratique*

Humanistic Personology: A Humanistic-Ontological Theory of the Person & Personality. Applications in Therapy, Social Work, Education, Management and Art (Theatre) / *Personnologie humaniste : Une théorie humaniste-ontologique de la personne et de la personnalité. Applications en thérapie, travail social, éducation, gestion et art (théâtre)* (2015)

Humane & Spiritual Qualities of the Professional in Humanistic Social Work: Humanistic Social Work - The THIRD WAY in Theory and Practice / *Qualités humaines et spirituelles du professionnel en travail social humaniste : Le travail social humaniste - la troisième voie en théorie et pratique* (2014)

The Humanistic Approach in Psychology & Psychotherapy, Sociology & Social Work, Pedagogy & Education, Management and Art: Personal Development and Community Development / *L'approche humaniste en psychologie et psychothérapie, sociologie et travail social, pédagogie et éducation, gestion, et art : Développement personnel et développement communautaire* (2012)

Asistență Socială Umanistă. De la subzistență și îngrijire la reabilitare umană și fericire / *Travail social humaniste : De subsistance et soin à réhabilitation humaine et bonheur* (2010)

Teoria Fericirii în Asistența Socială: De la managementul îngrijirii la managementul fericirii / *La théorie du bonheur en travail social: De la gestion du soin à la gestion du bonheur* (2009)

« *Par humanisme*
on peut entendre
une théorie qui
prend l'homme
comme fin et comme
valeur supérieure »

Jean-Paul Sartre

L'existentialisme est un humanisme

(1946)

TRAVAIL SOCIAL HUMANISTE :

La personnalité et les relations humaines –

ressources principales de la pratique

TRAVAIL SOCIAL HUMANISTE :
La personnalité et les relations humaines –
ressources et valeurs principales de la pratique

TABLE DES MATIÈRES

TRAVAIL SOCIAL HUMANISTE :

La personnalité et les relations humaines –

ressources principales de la pratique

CONTENU

PARTIE I
**LE TRAVAIL SOCIAL HUMANISTE –
LA TROISIÈME VOIE DANS LE
TRAVAIL SOCIAL CONTEMPORAINE** 39

PARTIE II
**LA PERSONNALITÉ –
RESSOURCE ET VALEUR CRUCIALES
EN TRAVAIL SOCIAL HUMANISTE** 75

TRAVAIL SOCIAL HUMANISTE :

La personnalité et les relations humaines –

ressources principales de la pratique

TRAVAIL SOCIAL HUMANISTE :
La personnalité et les relations humaines –
ressources et valeurs principales de la pratique

PRÉFACE

Les approches, les méthodes et les techniques humaniste-existentielles, centrées sur la personne / le client, gestaltistes, expérientielles, éthico-solidaristes, transpersonnelles, spirituelles et autres sont de plus en plus utilisées par les professionnels du travail social (clinique, communautaire, résidentiel-institutionnel etc.) mais la littérature spécifique ou les curriculums des facultés de profil leur accordent une faible attention, tandis que dans la littérature psycho-thérapeutique elles ont une présence très robuste.

Ces méthodes et pratiques, *humanistes* de travail social, ont été amenées souvent directement par les professionnels, en grande partie, comme il est bien connu, de la psychothérapie humaniste, mais le problème est que elles étaient très peu adaptées aux particularités de la casuistique "sociale" qui se distingue de la casuistique psychologique, principalement parce que le travail social est concentré sur le client comme système, comme relation, sur le système-client, sur la situation socio-humaine complexe, relationnelle de difficulté, sur l'exclusion *sociale* du client, contrairement à la psychothérapie qui traite avec priorité problèmes mentaux et de la personnalité, à niveau principalement individuel, avec peu d'intérêt pour la dimension *socio-humaine* du cas/ problème.

Le rôle de la littérature explicitement humaniste du travail social serait ainsi, partant de la théorie et la méthodologie (humaniste) originale psychothérapeutique, de concevoir, développer et proposer modèles théorétiques d'évaluation et d'intervention, objectifs, méthodes et techniques, de concevoir, développer et promouvoir un système théorétique, méthodologique et praxéologique spécifique pour l'activité et la mission du travail social, comme cadre théorétique-scientifique, fondement épistémologique, axiologique, méthodologique et praxéologique d'un travail social *expressivement humaniste*.

TRAVAIL SOCIAL HUMANISTE :
La personnalité et les relations humaines
– ressources et valeurs principales de la pratique

En ce sens, ce livre, partie du *Projet Travail Social Humaniste* (présenté dans le papier, en anglais, dans la section Annexe – *Humanistic Social Work Project*), vient également avec ce but, de contribuer au développement et à l'établissement d'une théorie, méthodologie et littérature humaniste *authentique et consistante* dans le travail social, une théorie, méthodologie et praxéologie explicitement humaniste, d'un Travail Social *Humaniste* – syntagme qui en ce moment est moins utilisé dans la littérature sociale de langue français mais de plus en plus utilisé dans la littérature de langue anglaise (*Humanistic Social Work*).

Dans le livre l'accent est mis également sur l'importance et le rôle crucial qu'elles ont, dans la pratique du travail social humaniste, comme valeurs et ressources, *la personnalité* (du client et du professionnel) et *les relations humaines*/ la microcommunauté socio-humaine. Tant la personnalité et les relations humaines/ la microcommunauté socio-humaine sont abordées par les deux lignes directrices cardinales de la théorie/ l'approche humaniste, respectivement *existentielle* et *spirituelle*.

En ce qui concerne l'utilité et la destination de ce livre sa conception, structure, contenu et bibliographie sont réalisées avec le but d'être utiles à la fois à la communauté académique/ universitaire, aux étudiants et aux enseignants, et aussi à la communauté professionnelle, aux travailleurs sociaux, psychothérapeutes, médiateurs sociaux, conseillers en insertion sociale et professionnelle, assistants de service social, animateurs enfants, soignants, assistantes maternelles, auxiliaires de vie sociale, éducateurs, gestionnaires, personnel médical etc.

Petru Stefaroi,

2015

TRAVAIL SOCIAL HUMANISTE :
La personnalité et les relations humaines
– ressources et valeurs principales de la pratique

INTRODUCTION

Contrairement aux apparences, la pénétration de la terminologie, de l'épistémologie et l'axiologie, de la méthodologie et la praxéologie explicitement humaniste dans le travail social, dans la littérature, la législation, l'éducation ou dans la pratique concrète du travail social n'a pas déroulée facilement et sur une « terre vide ».

Les idées, les méthodes et les pratiques humanistes du travail social ont manifestées et imposées dans le contexte de la dominance de deux doctrines, systèmes théorique-méthodologiques et institutionnels bien établies de travail social, d'assistance et de politique sociale, en quelque sorte opposés et complémentaires; il est à propos, d'une part, du travail social traditionnel, nommé conventionnel aussi, concentré sur aide et soin émotionnel, matériel et financier individuel, et d'autre part, du travail social structurel, appelé, aussi, critique, radical ou institutionnel, concentré sur la structure sociale, le système, l'institution, sur les projets d'imposer le bien-être général et la justice sociale par des mesures structurelle-sociétales fondamentales, radicales, et par l'empowerment communautaire et sociétal.

Dans le contexte de la dispute théorique et méthodologique entre le Travail Social Traditionnelle/ Conventionnelle et le Travail Social Structurel/ Critique/ Radical, dans les dernières décennies une nouvelle orientation, théorie, d'une manière subtile, progressivement, semble s'imposer avec une force croissante. C'est à propos, ainsi, de l'orientation *humaniste,* et son expression logique, formée et appliquée équitablement récente et prudente dans la littérature et la pratique spécifique: *le **Travail Social Humaniste*** - syntagme, théorie et méthode en processus d'établissement, et reste à voir si s'établira définitivement, d'une manière cohérente, dans la théorie et dans la pratique actuelle et prochaine des professionnels et des agences d'assistance, de travail social.

TRAVAIL SOCIAL HUMANISTE :
La personnalité et les relations humaines
– ressources et valeurs principales de la pratique

Le processus est étroitement lié et soutenu par l'offensive de la psychologie et la psychothérapie humaniste, d'un côté, et de la microsociologie et la sociologie humaniste, d'un autre côté. Tous dans le contexte philosophique et épistémologique conçu par la phénoménologie, l'existentialisme, le postmodernisme/ post-postmodernisme etc. dans les domaines de la théorie et des pratiques sociales.

Alors, l'abondance des concepts et des théories, méthodes et techniques provenant de la psychologie et la psychothérapie humaniste, de la sociologie humaniste et de la microsociologie, justifie l'observation que nous pouvons être, déjà, en présence d'une **troisième voie** dans le travail social contemporain, avec presque certain perspective à devenir dominante.

Le syntagme, le concept et la théorie spécifique du travail social humaniste essayent de réunir et d'organiser, épistémologique-méthodologiquement, la théorie et la méthode/ méthodologie "humaniste" du travail social contemporain dans un système, fournissant à la fois un cadre théorique et méthodologique unitaire et aussi un forum de débat et d'innovation professionnelle et/ou scientifique.

Essentiellement, ce paradigme de travail social met en évidence idées, valeurs et objectifs comme *l'idée-valeur de être humain concret et complexe, la promotion de l'individualité et du bonheur personnel, la promotion et l'accomplissement de la justice sociale, l'égalité des chances, la dignité humaine, la solidarité sociale/ humaine, l'exploitation des ressources spirituelles, culturelles et humaines de la personnalité et de la communauté, le développement, l'autodétermination et l'autonomisation psychologique-spirituelle, culturelle et humaine de la personne (du client individuel) et de la communauté (du client collectif)* etc.

L'une des principales missions et tâches du travail social humaniste est de promouvoir une attitude solidariste mais aussi proactive dans la relation professionnelle *praticien-client*, par la création d'un environnement socio-humain basé sur empathie, amour, harmonie et humanité, par l'humanisation de la communauté, le changement des clients et des communautés par leur autonomisation, émancipation, développement et responsabilisation personnelle/ communautaire, partant du droit fondamental de la personne/ communauté au bonheur et bien-être, mais aussi de leur droit à la dignité et l'autodétermination.

L'autonomisation est, donc, l'un des moyens, objectifs et valeurs fondamentales de la pratique dans le travail social humaniste, atteint

TRAVAIL SOCIAL HUMANISTE :
La personnalité et les relations humaines
– ressources et valeurs principales de la pratique

principalement par développement personnel et communautaire mais aussi par ré-humanisation, ré-spiritualisation et ré-illumination des personnes (clients) et des relations humaines, des micro-communautés – en partant de l'idée que, surtout, les problèmes sociaux et les situations de difficultés ont comme explication principale un *déficit prononcé d'humanisme, de spiritualité et culture dans* **les personnalités** *des individuels et/ou dans* **les relations humaines**, *dans les communautés socio-humaines.*

Ainsi, parce que, dans la pratique courante, assistancielle et thérapeutique, du travail social, dans la relation professionnelle entre la personnalité du praticien et la personnalité du client est établie une complexe relation humaine, inter-humaine, une haute congruence psychologique-ontologique (émotionnelle, empathique, *humaine*, spiri-tuelle) la promotion des valeurs et ressources spirituelles, humaines et psychologique-altruistes de la personnalité du praticien, mais aussi du client, représente un important concerne théorique-épistémologique - thème abordé, avec prédilection, dans le cadre de la théorie et la méthodologie *humaniste* du travail social.

Donc, un concept et une valeur clé de la théorie, de l'axiologie et de la praxéologie du travail social humaniste c'est **la personnalité** - concept utilisé, dans ce livre, principalement pour désigner l'ensemble des cara-ctéristiques et ressources psychologique-ontologiques, bio-psycholo-giques, socio-comportementales, spirituelles et humaines constantes de l'individu, que mettent en évidence, avec préférence, les aspects d'unité et constance du comportement dans des situations et contextes socio-humains différentes, et de domination/ consistance de certains carac-téristiques/ ressources spirituelles et humaines, spécialement de la sphère de l'âme, du soi/ego, et du caractère.

Le paradigme humaniste de la personnalité, dont nous abordons dans cette œuvre, met en évidence, d'un côté, le contenu ontologique de la personnalité, donnant à la sphère ontologique-spirituelle le rôle étiolo-gique et structurelle primaire, et, de l'autre côté, met en évidence la dimension existentielle et adaptative de la personnalité, la liberté (le libre arbitre) et la volonté de la personne, mettant l'accent, spécialement, sur le développement personnel et l'adaptation sociale par l'utilisation des ressources psycho-volitives, instrumentales et adaptatives de la personnalité et de la conscience (proactive).

TRAVAIL SOCIAL HUMANISTE :
La personnalité et les relations humaines
– ressources et valeurs principales de la pratique

Conformément à ces aspects, la représentation humaniste de la perso-nnalité est imposée, d'après notre observation, par deux principaux paradigmes: *le paradigme humaniste-spirituel/ ontologique*, et le *para-digme humaniste-existentiel/ positif*. Le paradigme humaniste-ontologi-que promeut et théorise le concept de *personnalité humaine et spirituelle*, et le paradigme humaniste-existentiel promeut et théorise le concept de *forte personnalité (développée)*.

Nous utilisons, conventionnellement, le syntagme **"personnalité humaine"**, à la fois, pour faire référence à un ensemble des formations de la personnalité, comme l'âme (affective, spirituelle, humaine), l'ego *humain*, la conscience *humaine*, le caractère *humain* - sources struc-turelles onto-psychologiques et intellectuelles des qualités et conduites *humaines* et spirituelles de la personne, aussi bien que à l'orientation, qualité humaniste, la valence, dimension *humaine/* altruiste générale de la personnalité globale, l'ensemble des caractéristiques et ressources constantes, bio-psychologiques et socio-comportementales, spirituelles et humaines de l'individu, qui mettent en évidence, avec préférence, les aspects d'unité du comportement dans des situations et contextes socio-humaines différentes, et de la domination/ consistance de certains caractéristiques et ressources humaines, spirituelles, trans-humaines de la personne/ personnalité globale.

La personnalité *humaine* comprend, principalement, quatre majeure onto-formations: l'âme *(humaine),* l'ego *humain,* la conscience *humaine* et le caractère *humain*.

En ce qui concerne l'âme, a notre avis, c'est moins quelque chose métaphysique, bien que, probablement, elle à aussi de telles dimensions ou interférences, mais une entité/ instance/ formation psychologique-spirituelle objective très profonde et complexe de l'être humain indivi-duel, conjointement avec le corps, la personnalité, l'ego, la conscience, le caractère ou l'intellect, représentant, dans ce contexte, ce qu'on pourrait appeler *le lieu ou la source des sentiments, émotions sociales et spirituelles, en particulier humaines.* En fonction de leur nature, locali-sation ou source on peut parler de sous-sphères comme l'âme affective/ inter-personnelle, l'âme spirituelle, l'âme *humaine*, etc. Chacun des sphères de l'âme ayant des fonctions/ rôles spécifiques - l'âme affective (inter-personnelle) déterminant, entre autres, l'attachement, la sensi-bilité sociale et l'empathie inter-personnelle/ contingente, l'âme spiri-tuelle déterminant la richesse spirituelle et la vertu, et, l'âme *humaine* déterminant l'empathie/ la compathie et l'humanité, la capacité hu-

TRAVAIL SOCIAL HUMANISTE :
La personnalité et les relations humaines
– ressources et valeurs principales de la pratique

maine universelle/ générale d'adaptation et d'intégration de la personne dans l'environnements socio-humaines differentes.

Lié à la notion de personnalité humaine est le concept de **développement *humain***. En essence, un niveau élevé de développement *humain* implique principalement un degré élevé d'humanisme, altruisme, empathie, spiritualité, bonheur, gentillesse, bienveillance, tolérance, philanthropie etc.

En contrepartie, le concepts ***forte personnalité*** et ***développement personnel*** sont, fréquemment, associés ou identifiés avec un certain nombre d'autres concepts tels que *développement inter-personnel* et *psychologique, croissance personnelle, adaptation, développement social/ professionnel, contrôle de soi, puissance de la volonté,* etc. Sont, alors, entraînées, spécialement, des formations et structures psychologique-personnelles comme *l'ego personnel, la conscience proactive, les aptitudes, compétences et habitudes comportementales.*

En essence, un niveau élevé de développement personnel implique une degré élevé de réalisme et équilibre, de développement inter-personnel, d'autonomie personnelle et sociale, une personnalité mature, adaptabilité, haut degré de conscience, de connaissance de soi, estime de soi, bien-être psychologique, émotionnel, intelligence émotionnelle, volonté puissante, résistance à échec et frustrations, attitudes positives, optimisme, pensée active/ positive etc.

Le cadre épistémologique-scientifique où est approché, représenté et défini la personnalité dans le livre c'est **la personnologie**, avec accent sur la ***personnologie humaniste***, par les deux définissant sous-domaines: la *personnologie humaniste-ontologique/ spirituelle* et la *personnologie humaniste-existentielle/ positive*, associées aux concepts de *personnalité humaine/ spirituelle* et *forte personnalité (développée).*

La personnologie, comme terme, est, simplement, *la science de la personne et de la personnalité globale,* le domaine théorique-scientifique et pratique qui étudie la personnalité et la personne reflétées d'une manière complexe et holistique, incorporant, conséquemment, des connaissances, des idées, des théories spécialement de la psychologie, mais aussi de la sociologie, la philosophie, l'anthropologie et d'autres sciences et domaines, développant, par conséquent, une perspective multi-disciplinaire et inter-disciplinaire sur le phénomène humain individuel, sur l'être humain personnel, sur l'être humain comme individualité, personnalité, comme personne, comme homme.

TRAVAIL SOCIAL HUMANISTE :
La personnalité et les relations humaines
– ressources et valeurs principales de la pratique

En ce qui concerne la **personnologie *humaniste,*** cela pourraient être représentée comme le domaine théorique-épistémologique que étude la personnalité globale et la personne reflétées d'une manière complexe et idiographique, incorporant connaissances, idées, théories de la sphère humaniste-existentielle et spirituelle de la pensée/ philosophie et culture, incorporant connaissances, idées, théories de la psychologie humaniste, de la sociologie humaniste et d'autres disciplines, sciences et pratiques d'orientation humaniste, développant, par conséquent, une perspective multi-disciplinaire, inter-disciplinaire et *profonde humaniste/ humaine et spirituelle* sur le phénomène humain individuel, sur l'être humain personnel, sur l'être humain comme individu, individualité, comme personnalité, comme personne.

À notre avis, dans le cadre de la personnologie humaniste la ***théorie des systèmes complexes et émergents*** explique, de la manière la plus appropriée, la façon dont est formée, la structuré et la fonctionnement de la personne/ la personnalité globale. L'idée centrale de la théorie des systèmes complexes et émergents, dans la personnologie humaniste donc, est que la personne/ personnalité (en particulier l'âme et l'ego), est un produit complexe (existentiel et expérientiel) et pas une donnée (ancestrale). Dans l'esprit de la théorie des systèmes émergents en ce qui concerne la formation, l'êtreté et le fonctionnement de la personne/ la personnalité nous parlons de **caractéristiques, propriétés, processus, principes** tels que *onto-formatisation* et *persomisation, promergence* et *dismergence, émergence* et *imergence, transmergence* et *telegence, conmergence* et *sinmergence*, et de **stades ontologiques d'évolution, de développement et formation/ constitution** des formations ontologique-psychologiques personnelles tel que *de contact, d'acquisition/ accumulation, de structuration/ centralisation, de constitution/ holistisation, d'établissement,* et *d'ontification/ accomplissement.* Les processus sont d'une complexité infinie, dépassant le contingent, impliquant le passé et l'avenir, dépassant les limites spatiales et temporelles, travaillant simultanément dans le même «espace» et temps, ayant évolutions imprévisibles, résultant, au hasard, les uns par les autres, et d'en rien.

La **personnologie *humaniste-ontologique/ spirituelle*** étude la personnalité globale et la personne mettant l'accent sur des concepts, paradigmes et questions telles que *personnalité humaine, développement humain, unicité, spiritualité, approche idéographique, âme, soi/ ego* etc., tandis que la **personnologie *humaniste-existentielle/ positive*** étude

TRAVAIL SOCIAL HUMANISTE :
La personnalité et les relations humaines
– ressources et valeurs principales de la pratique

la personnalité globale et la personne mettant l'accent sur des concepts, paradigmes et questions telles que *forte personnalité, développement personnel, niveau élevé d'auto-contrôle, expériences optimales, espoir et optimisme, présence attentive, pleine conscience, résilience, auto-détermination, efficacité, force de caractère, persévérance, créativité, intelligence émotionnelle, émotions positives, sens à la vie et engagement vers un but, succès, performance, réalisation professionnelle* etc.

À la lumière de la théorie personnologique-humaniste, par les deux orientations principales, respectivement humaniste-ontologique/ spirituelle et humaniste-existentielle/ positive *l'interaction* **professionnel-client** est, dans la **pratique du travail social humaniste**, en fait, une **relation inter-*humaine*, spirituelle et psycho-sociale complexe** entre deux ou plusieurs personnalités complexes, et le succès de l'intervention est crucialement déterminé de ses niveaux de développement, *humain*, spirituel et psycho-social, et pas seulement des ressources économiques ou des technologies utilisées.

Donc, dans le contexte méthodologique complexe et unitaire le praticien humaniste met l'accent en particulier sur la sphère psychologique-spirituelle et socio-humaine de la personnalité du client. L'objectif est, ainsi, entre autre, l'harmonisation ontologique-*humaine* des relations internes et externes au sein du groupe/ communauté, avec effets positifs sur le développement de la consistance psychologique-ontologique de la personnalité du client, de réhabilitation personnelle et sociale ou la diminution du risque à entrer en situation difficile.

Alors, une des tâches les plus importantes du travailleur social humaniste est d'habiliter les clients, personnes ou communautés, pour devenir capables, par les ressources de leurs propres personnalités, de faire face aux situations de crise et situations difficiles qui peuvent apparaître à tout moment. A cet effet, le professionnel humaniste doit de promouvoir, comme valeurs et objectifs, le développement personnel et humain des clients, la complexité de l'être humain, la valorisation de la créativité du client, le développement de soi/ego, essentiellement la capitalisation du potentiel spirituel et humain de la personnalité.

La pratique du travail sociale humaniste démarre du *principe-value* que le destinataire des services de travail social a, naturellement, par sa personnalité, les ressources pour le bonheur et l'épanouissement spirituel, les capacités de base du développement personnel et social, d'intégration sociale autonome et efficace.

TRAVAIL SOCIAL HUMANISTE :
La personnalité et les relations humaines
– ressources et valeurs principales de la pratique

Le client, en général, est représenté, dans la vision des lignes directrices thérapeutiques/ assistancielle humanistes (existentielles, gestaltistes, expérientielles, centrées sur la personne (le client), transactionnelles etc.) comme une ressource *en soi* de développement personnel et intégration sociale, simplement par la condition et la fonction de *la personnalité.*

Le rôle des professionnels c'est de lui donner, inclusivement par les ressources et les qualités de leurs propres personnalités, le cadre et l'occasion socio-humaine et spirituelle de valoriser, en manière digne, les ressources psychologiques-spirituelles, morales, comportementales du client.

Alors, l'une des principaux buts de l'activité du professionnel en travail social humaniste c'est qu'à exploiter, à partir de sa personnalité et le système des **relations sociales et humaines**, les ressources d'humanisme et spiritualité afin de récupération, bonheur, d'autonomisation et réinsertion sociale du client (individuel et/ou collectif).

A cet effet, les valeurs et les principes cruciales qui sont à la base de l'activité du professionnel dans la pratique du travail social humaniste seraient, principalement: le développement personnel et *humain* des clients, le développement personnel et le développement de la communauté *humaine,* l'obtention de l'autonomie, flexibilité méthodologique, l'humanisme, l'empathie, la compréhension, la franchise, la discipline, le respect pour la vie, la loyauté, la coopération, la solidarité humaine, la responsabilité, l'esprit démocratique, la bonté, l'inquiétude, la compassion, l'incorruptibilité, le respect des droits de l'homme, la non-violence, le bonheur, le contentement, la vérité, l'amour, la spiritualité, l'intégrité, la non-discrimination, l'honnêteté, la motivation altruiste, le contrôle de soi, la tempérance, le respect, la circonspection etc.

Lorsque les professionnels humanistes définissent ses objectifs et la mission de la pratique ils engagent, principalement, termes et phrases telles que: la diminution de la souffrance, de la détresse et du malheureux du client, augmenter le bien-être spirituel, le développement personnel et de la communauté, l'obtention de l'autonomie, le développement moral et l'intégration socio-humaine du client etc.

Dans cette idée, la souffrance humaine, le malheur, l'échec personnel, la perte, la déshumanisation de l'individu et de la communauté, les drames émotionnels et les grandes tragédies collectives, les catastrophes avec un impact *humain* important, le sous-développement personnel/ de la co-

TRAVAIL SOCIAL HUMANISTE :
La personnalité et les relations humaines
– ressources et valeurs principales de la pratique

mmunauté sont parmi les problèmes centraux et l'objet principal de l'intervention dans la **pratique** du travail social humaniste.

D'ici commence le travailleur social humaniste la démarche d'établir ses objectifs spécifiques de la pratique. À cette fin, fonctionnant dans la sphère des relations sociales, l'objectif principal des services et des professionnels c'est de transformer ces relations *sociales* en relations *humaines*, partant de l'idée que la souffrance, la tristesse, l'échec personnel, la perte, la déshumanisation, l'exclusion sociale, la pauvreté de l'individu et de la communauté ont, en grande partie, les principales sources dans les relations humaines et sociales précaires, *in-humaines*.

Dans l'activité pratique d'intervention avec le but de changement, d'amélioration, combinant les nombreuses ressources du niveau de la personnes avec les ressources du niveau des relations humaines et de la communauté, prenant ainsi des éléments à la fois du travail social traditionnel et, aussi bien, du travail social structurel, le travail social humaniste justifier son attribut comme *la troisième voie dans la pratique contemporaine du travail social.*

En ce sens, la pratique du travail social humaniste utilise et reconnaît l'importance des ressources et des valeurs qui définissent le travail social critique/ radical/ structurel et le travail social traditionnel/ conventionnel mais privilégie *l'importance de la personnalité* et *des relations humaines* à la fois comme ressources et aussi comme valeurs et buts de la pratique.

La personnalité (du client et du professionnel), les qualités psycho-logique-spirituelles et psychologique-personnelles, les relations humaines (inter-personnelles, de groupe etc.) représentent, à cet effet, les moyens, les ressources essentielles qui peuvent faciliter le changement, peuvent d'humaniser les relations sociales en difficulté, les micro-communautés dysfonctionnelles, déshumanisées, les gens endommagés sur le plan humain, moral, psychologique, les gens en difficulté, en souffrance, en conflit etc.

En conséquence du processus d'intervention basé sur les valeurs, les principes, les ressources et les méthodes humanistes, le changement pour le meilleur du niveau des relations sociales, transformées en **relations *humaines***, produira des améliorations, changements quali-tatifs impressionnants au niveau de micro-communauté dans son ensemble, ainsi au niveau de chaque personne/ personnalité; les pro-cessus de transformation évoluent en cascade, impliquant des processus

TRAVAIL SOCIAL HUMANISTE :
La personnalité et les relations humaines
– ressources et valeurs principales de la pratique

d'humanisation à tous les niveaux, éliminant nombreux dysfonctionnements, troubles, problèmes, souffrances - le nouvel environnement socio-humain créé étant défini par des qualificatifs tels que *bien-être spirituel/ culturel et humain, efficacité, cohésion socio-humaine, harmonie, solidarité sociale, aide mutuelle, compathie, responsabilité, coopération, humanité* etc.

Cet environnement deviendra, finalement, une solution curative pour beaucoup des problèmes et des situations difficiles, et seulement la mesure où les professionnels parvient à les faciliter, déterminer, avec leurs **personnalités**, activités, mesures, conduites, par l'exploitation, le contrôle et la valorisation (manipulation) professionnelles des ressources épuisables du niveau des personnes (clients) et du niveau des **relations humaines** et des communautés socio-humaines, peuvent rapporter qu'ils fonctionnent bien et efficacement, et répondent à leur mission spécifique, au moins dans la perspective de la théorie, la méthodologie et l'axiologie du travail social humaniste.

TRAVAIL SOCIAL HUMANISTE :
La personnalité et les relations humaines
– ressources et valeurs principales de la pratique

LA STRUCTURE DU LIVRE

Structurellement, ce livre est composé principalement de cinq parties :

> ➢ Partie I. Le travail social humaniste – la troisième voie dans le travail social contemporain

> ➢ Partie II. La personnalité - ressource et valeur cruciales en travail social humaniste

> ➢ Partie III. Les relations humaines - ressources et valeurs de base en travail social humaniste

> ➢ Partie IV. Le client et le professionnel. Les ressources du client et les ressources du professionnel dans le processus d'intervention

> ➢ Partie V. La personnalité et les relations humaines comme ressources et valeurs principales dans la méthodologie, la gestion et la pratique du travail social humaniste

La **Partie I, LE TRAVAIL SOCIAL HUMANISTE – LA TROISIÈME VOIE DANS LE TRAVAIL SOCIAL CONTEMPORAINE**, inclure quatre chapitres (1, 2, 3 et 4) et se concentre sur la présentation théorétique du ***travail social humaniste***. L'approche est faite comparativement, par référence au travail social traditionnel/ conventionnel et au travail social critique/ radical/ structurel.

Dans le **Chapitre 1 - Le travail social traditionnel et le travail social critique. Le travail social humaniste - la troisième voie,** l'attention est focalisée sur la présentation du travail social traditionnel/ conventionnel et du travail social critique/ radical, où le travail social humaniste vient comme *la troisième voie* dans le travail social contemporaine. ***Le travail social traditionnel*** est basé, théoriquement et axiologique-doctrinalement, principalement sur les théories et valeurs humaniste-traditionalistes concernant la relation entre le bien-être individuel et le

TRAVAIL SOCIAL HUMANISTE :
La personnalité et les relations humaines
– ressources et valeurs principales de la pratique

bien-être public, avec une importante origine et support religieuse. Méthodologiquement, le travail social traditionnel, ou conventionnel, est basé, principalement, sur les méthodes et techniques humaniste/ humanitariste-traditionalistes concernant la relation entre le praticien et le client. En conséquence, la pratique étant caractérisée par certains valeurs et principes clés comme *d'abord l'agence et alors la structure; l'accent sur la détresse de la personne (physique et émotionnelle}, individualisation* etc. D'une certaine manière en opposition, **le travail social critique/ radical** est basé, théoriquement, axiologiquement-doctrinalement, principalement sur les théories et les valeurs philo-sophico-criticistes et radicales concernant les relations entre le bien-être individuel et le bien-être public. Le but principal est de s'éloigner des approches traditionnelles qui sont fondées sur un modèle médical et émotionnel du client, qui plaçaient l'accent sur la personne plutôt que sur la société et la communauté dans son ensemble, au niveau structurel et systémique, d'où, selon les théoriciens du travail sociale radical et critique, dérivent les problèmes sociaux et humains, les iné-galités, les souffrances. La méthodologie et la pratique du travail social critique/ radical, promettent méthodes et attitudes méthodologiques comme d'abord la structure et alors l'agence, l'accent sur la commu-nauté et les changements structurels, justice sociale, politique d'anti-oppression, réformes sociales et politiques radicales etc. Dans le con-texte du conflit théorique et méthodologique entre le Travail Social Traditionnelle/ Conventionnelle et le Travail Social Critique/ Radical, dans les dernières décennies une autre orientation, *humaniste* (existen-tielle, spirituelle etc.), d'une manière subtile, progressivement, semble s'imposer avec une force croissante. L'abondance des concepts et des théories, méthodes et techniques amenées de la psychologie et la psychothérapie humaniste, de la sociologie humaniste et la micro-sociologie, justifie l'observation que nous pouvons être en présence d'une **troisième voie** dans le travail social contemporain, avec presque certain perspective à devenir dominante – **Le Travail Social Humaniste**.

Le **Chapitre 2 – Le travail social humaniste - sources/ fondements théorico-méthodologiques**, le **Chapitre 3 – Le travail social huma-niste - théorie, axiologie, mission et formes**, et le **Chapitre 4 – Le travail social humaniste - théories de base/ support**, sont destinées à présenter les aspects les plus pertinents de la théorie, l'axiologie et la mission du travail social humaniste.

Sans aucun doute, **l'humanisme**, comme philosophie et mouvement, représente **le fondement** central et **source** essentielle de la théorie et de la pratique du travail social, en général, d'autant plus du travail social

TRAVAIL SOCIAL HUMANISTE :
La personnalité et les relations humaines
– ressources et valeurs principales de la pratique

humaniste. **La psychologie et la psychothérapie humaniste** apportent en travail social (humaniste) concepts et idées telles que l'unicité individuelle, l'autodétermination, l'auto-actualisation, l'accent sur les aspects particuliers de l'existence humaine, de la personne, la thérapie centrée sur le client, la personnalité comme valeur, ressource et but, l'optimisme, la créativité. Aussi, **la microsociologie** et **la sociologie humaniste** sont importantes sources théoriques et méthodologiques pour le travail social humaniste, spécialement pour le travail social humaniste communautaire. **La pensée philosophique, sociologique et culturelle postmoderne et post-postmoderne** vient, entre autres, avec des propositions et solutions philosophico-paradigmatiques qui appellent à une réévaluation, par une lumière néo-humaniste, dans l'ère cybernétique et de la mondialisation, des grandes ressources et valeurs traditionnelles universelles qui ont marquées l'histoire du monde, comme la relation entre la personne et la société, les relations interpersonnelles, la famille, l'amour, la solidarité, l'altruisme, la coopération. Mots et idées clés: relativisme, flexibilité, indéterminisme, émergence etc. (Chapitre 2)

La théorie et **l'axiologie** spécifique du travail social humaniste tentent d'assembler et d'organiser, épistémologiquement et méthodologiquement, la théorie et la méthodologie assumées humanistes du travail social contemporain, dans un système théorétique unitaire, promouvant, essentiellement, l'idée de l'être humain concret et complexe, l'individualité et le bonheur personnel, ses intérêts, sentiments et valeurs fondamentales, le bien-être spirituel de la personne, la personnalité *humaine* et les relations *humains* comme des ressources fondamentales de la pratique, la dignité humaine, la justice sociale, l'égalité, la solidarité, l'exploitation des ressources culturelles et socio-humaines de la communauté et du contexte social, l'émancipation spirituelle, la développement personnel/ *humain* et l'autodétermination du client. **La mission** et les objectifs principaux du travail social sont de promouvoir une attitude, un cadre, une atmosphère humaniste-solidariste et proactive dans la relation *praticien-client*, dans la communauté où vie le client, par la création d'un environnement socio-humain basé sur empathie et humanité, par l'humanisation de la communauté, par le changement des clients et des communautés, par l'émancipation, le développement et la responsabilisation personnelle/ communautaire, partant du droit de la personne (client)/ communauté au bonheur et bien-être, mais aussi de leur droit à dignité et autodétermination. (Chapitre 3)

TRAVAIL SOCIAL HUMANISTE :
La personnalité et les relations humaines
– ressources et valeurs principales de la pratique

Les théories du développement et de l'autonomisation personnelle, en travail social humaniste, sont modèles théoriques et fondations pour représenter et approcher le client comme être humain en cours de développement, avec la personnalité comme ressource pour croissance et changement, pour représenter et approcher le client comme personne avec volonté, libre arbitre, ego, caractère, sensibilité et empathie, et pas comme un simple individu dans une simple interaction sociale, organisationnelle. **La théorie de l'empathie** est un instrument formatif utilisé par les professionnels dans la réalisation des objectifs spécifiques, principalement dans la réhabilitation humaine et l'autonomisation psycho-sociale du client. **La théorie du bonheur** dans le travail social humaniste est soutenue par le fait que est basée sur des idées, des aspects, des principes que: toutes les personnes, indépendamment d'âge, de sexe, nationalité, race, statut social, profession ont le droit à une vie digne, au bonheur, à l'épanouissement personnel; l'indicateur essentiel de la qualité de la vie humaine est la satisfaction interne, le bonheur et la complaisance de la personne; le bonheur authentique est une source de développement personnel, efficacité sociale/ professionnelle et facteur pour l'acquisition de la capacité de réinsertion sociale autonome. (Chapitre 4)

La **Partie II, LA PERSONNALITÉ - RESSOURCE ET VALEUR CRUCIALES EN TRAVAIL SOCIAL HUMANISTE,** inclure trois chapitres (5, 6 et 7). Dans le **Chapitre 5 - La personnalité**, est fait, d'abord, référence, et il est défini, théoriquement, le concept général de **personnalité**, après quoi est abordé le thème central - *l'orientation humaniste en la représentation de la personnalité,* théorisée et promu notamment par A. Maslow, C. Rogers, G. Allport, R. May, V. Frankl, H. Murray, mettant en évidence spécialement le contenu ontologique-spirituel de la personnalité (*le paradigme humaniste-ontologique*), et, aussi, mettant en évidence la dimension existentielle et psychologique-adaptative de la personnalité, la liberté (le libre arbitre), la responsabilité et la volonté du personne (*le paradigme humaniste-existentiel/ positif*). Le modèle théorique principale de la personnalité - l'approche humaniste - que nous utilisons dans le présent document, élaboré par nous, respectivement « **humaniste-onto-personnologique** » donne à l'âme un rôle crucial, considérant, donc, l'âme la formation onto-psychologique centrale de la personnalité *humaine* (prosociale, altruiste) - ressource psychologique-spirituelle très importante pour réadaptation du client, et de la conduite et l'activité du praticien dans la pratique du travail social humaniste. Aussi dans ce chapitre est présenté ce qui pourrait être nommé *le cadre épistémologique-scientifique* d'approcher le thème de la

TRAVAIL SOCIAL HUMANISTE :
La personnalité et les relations humaines
– ressources et valeurs principales de la pratique

personnalité - la **Personnologie**. L'accent est mis sur la **Personnologie Humaniste**, par les deux définissant sous-domaines - *la personnologie humaniste-***ontologique/ spirituelle** et la *personnologie humaniste-***existentielle/ positive**, associées aux concepts de *personnalité humaine/ spirituelle* et *forte personnalité (développée)* - mais par référence à *la Personnologie structuro-fonctionnaliste*, associée aux concepts de personnalité minimale, où la personne est, nomologi-quement, représentée comme un simple individu, comme un simple élément dans la machinerie sociale, subordonnée aux structures et processus de groupe, communauté, société, etc., plaçant dans le deuxième plan sa subjectivité, l'ego, l'âme, sa l'ontologie psychologique particulière comme existence, comme étant, comme unicité, comme destin, contrairement, donc, à la personnologie humaniste qui apporte-les dans le premier plan, articulant un modèle de personne/ personnalité de type existentiel, humaniste et spirituel, développant une perspective multi-disciplinaire, inter-disciplinaire sur le phénomène humain individuel, sur l'être humain personnel, sur l'être humain comme individualité, comme PERSONNALITÉ, comme PERSONNE, comme personne avec un ego, avec une âme, avec libre arbitre.

A propos de l'âme (comme partie centrale de la personnalité, à côté de l'ego), est traitée, comme thème, ponctuellement, dans la **Chapitre 6 - La personnalité *humaine* et le développement *humain***. En plus de *l'âme* (entité/ instance/ formation spirituelle-objective très profonde et complexe de l'être humain individuel, représentant le lieu ou la source des sentiments, émotions sociales et spirituelles, en particulier *humaines*) **la personnalité *humaine*** implique aussi l'ego *humain,* la conscience *humaine* et le caractère *humain*. L'*ego humain* est, au côté de l'âme spirituelle et l'âme (*humaine*), l'un des plus importants réservoirs et trésors de spiritualité et d'humanisme de la personnalité, de la personne. L'introjection des valeurs des autres enrichit son propre soi, sa propre personnalité (du professionnel et du client), représentent une ressource importante de l'activité dans la pratique du travail social humaniste. Le *caractère humain* (moral, prosocial) est une structure de personnalité holistique par lequel sont formées et cristallisées les caractéristiques personnelles liées du bien et de la jouissance commune, à toutes les personnes, où ces caractéristiques personnelles sont exprimées comme qualités personnelles constantes de conduite. Seulement par la formation et l'établissement de l'âme*,* de l'ego/soi *humain,* de la conscience *humaine,* du caractère *humain* est soulignée et est mis en évidence la valence humaniste de la personnalité globale et se manifeste par traits de **développement *humain*** tels que l'altruisme, l'empathie, la bienveillance, la patience, la charité, la philanthropie,

TRAVAIL SOCIAL HUMANISTE :
La personnalité et les relations humaines
– ressources et valeurs principales de la pratique

comme une structure expressément orientée vers la jouissance de l'autre généralisé, qui, par l'intermédiaire du système de compétences, capacités et habitudes prosociales/ humaines, est reflété dans la conduite et la présence de la personne comme une ressource de jouissance pour le bien-être et l'épanouissement socio-humain de l'autre (généralisé), pour la récupération, la réhabilitation ou l'atténuation de la souffrance du client.

Le thème concernant **la forte personnalité et le développement psychologique-personnel** est abordé dans le **Chapitre 7**, la *forte personnalité* impliquant principalement formations psychologique-personnelles comme *l'ego (personnel), la conscience (proactive), les aptitudes, les compétences* et *les habitudes comportementales*, étant déterminant pour le développement psychologique-personnel de l'indi-vidu. Dans une interprétation simple l'ego personnel représente la synthèse psychologique-ontologique de l'image et la jouissance du soi. La synthèse engageant aussi l'autre social, projeté dans la cognition et la jouissance du sujet, étant, finalement, le produit d'un rapport, confrontation, transaction existentielle. Cette formation, construction centrale peut être considérée, en ce contexte, le noyau dur, le rugueux de la structure et de l'ontologie subjective de la personnalité. Sa faiblesse, affectation, ou destruction affecte tout la construction de la personnalité, sa intégrité et fonctionnalité, et, en conséquence, l'adaptation de la personne. En plus de la fonction de réflexion, la *conscience (proactive)* rencontre aussi des rôles proactifs axiologiques, praxéologique-volitionnels et de stratégie/ adaptation - ressources et facteurs critiques de résilience et d'adaptation de la personne/ du client (en travail social humaniste). Le ***développement personnel*** est plutôt identique avec le développement psychologique-instrumental, la croissance, l'adaptation, le contrôle de soi, la puissance de la volonté, avec un niveau élevé de développement de l'ego/soi, de la conscience (proactive), avec un niveau élevé de développement des aptitudes, compétences et habitudes socio-comportementales et professionnelles de la personne.

La Partie III, LES RELATIONS HUMAINES – RESSOURCE ET VALEUR DE BASE EN TRAVAIL SOCIAL HUMANISTE, inclure deux chapitres (8 et 9). L'idée essentielle du **Chapitre 8 - Les relations humaines,** est que quand nous approchons les relations humaines comme ressource et valeur de la pratique en travail social humaniste nous considérons le contenu, la dimension ontologique-*humaine*-culturelle des relations sociales, les processus et les phénomènes socio-émotionnels, les proce-ssus d'attachement entre les personnes, les processus et phénomènes

TRAVAIL SOCIAL HUMANISTE :
La personnalité et les relations humaines
– ressources et valeurs principales de la pratique

inter-empathiques, compathiques, l'altruisme et la solidarité - ressources essentielles dont le professionnel pourraient utiliser dans le travail social humaniste à la fois avec le but de ré-adaptation psycho-logique-comportementale du client et pour le but d'adaptation et d'intégration sociale, et aussi bien nous considérons les ressources et les valeurs des relations *fortes*, comme la cohésion, la résistance aux crises et défis, la durabilité, la confiance, la convergence relationnelle etc. - valeurs-objectives qui, appliquées au domaine de la pratique du travail social humaniste, aident à une meilleure compréhension de la relation organisationnelle entre les clients et entre les clients et les professionnels, en particulier en ce qui concerne les buts de changement et de croissance de la résilience sociale.

Le **chapitre 9 - La micro-communauté,** vient dans l'extension et l'achèvement du chapitre 8, adressant le concept de micro-communauté comme cadre social-organisationnel de la manifestation des relations socio-humaines, en tant que ressource en soi par les deux grands dimensions/ sphères principales: humaine et culturelle, d'une part, et organisationnelle-institutionnelle, forte, d'autre part. Etroitement liés du concept *micro-communauté humaine* et du concept *micro-communauté forte* sont les concepts de *développement socio-humain* et *développement organisationnel*. Habituellement, un niveau élevé de développement socio-*humain* et organisationnel implique un degré élevé d'harmonie sociale, d'unité humaine, de congruence inter-personnelle, de compa-thie, d'attachement sûr, de fonctionnalité socio-humaine, inter-perso-nnelle, communautaire, d'intégration, de cohésion sociale etc. – re-ssources et valeurs essentielles de la pratique en travail social hu-maniste.

La **quatrième partie** du livre, **LE CLIENT ET LE PROFESSIONNEL. LES RESSOURCES DU CLIENT ET LES RESSOURCES DU PROFESSIONNEL DANS LE PROCESSUS ASSISTENTIEL/ D'INTERVENTION**, comprenant les chapitres 10, 11 et 12, est consacrée principalement au but de mettre en évidence les ressources *humaines* et spirituelles et les ressources psychologique-personnelles, fortes du client et du professionnel en travail social humaniste, spécialement dans le processus d'intervention.

Dans le **Chapitre 10 - Le client,** est souligné, principalement, l'aspect que l'approche humaniste-ontologique/ spirituelle de la personnalité du client met l'accent sur des concepts, paradigmes et questions telles que personnalité *humaine*, développement *humain*, spiritualité, âme, soi/ego *humain*, altruisme, empathie/ compathie, amour etc. L'approche met en

TRAVAIL SOCIAL HUMANISTE :
La personnalité et les relations humaines
– ressources et valeurs principales de la pratique

évidence spécialement le contenu psychologique-ontologique, *humain* et spirituel de la personnalité du client, donnant, comme il est naturel, donc, à la sphère ontologique-spirituelle le rôle étiologique primaire, structurel. Au lieu, l'approche humaniste-existentielle/ positive étude la personnalité et la *personne* du client mettant l'accent sur des concepts, paradigmes et questions telles que forte personnalité, développement personnel, niveau élevé d'auto-contrôle, expériences optimales, espoir et optimisme, présence attentive, proactive conscience, résilience, auto-détermination, efficacité, force de caractère, persévérance, créativité, intelligence émotionnelle, émotions positives, sens à la vie et engagement vers un but, succès, performance, réalisation professionnelle etc.

De plus, dans le **chapitre 11 - Le professionnel**, est souligné, principalement, l'aspect que la représentation humaniste de la perso-nnalité du professionnel en travail social est imposée, en conformément avec la théorie personnologique présentée dans le livre, par deux principaux paradigmes: le *paradigme humaniste-ontologique/ spirituel,* et le *paradigme humaniste-existentiel/ positif.* Le niveau haut de déve-loppement humain et spirituel du professionnel est un facteur crucial d'efficacité dans ses objectifs spécifiques, notamment ceux qui impliquent l'empowerment, l'acquisition d'autonomie et spécialement le bien-être psychologique-émotionnel du client. Un niveau élevé de développement *humain* et spirituel du professionnel implique princi-palement un degré élevé d'humanisme, empathie, spiritualité, bonheur, gentillesse, tolérance, bienveillance, philanthropie etc. Dans la per-spective du paradigme humaniste-existentiel/ positif, en travail social humaniste, on peut parler de développement psychologique-personnel du professionnel seulement dans la mesure où ses valeurs, paramètres se situent à des niveaux élevés et se consacres ainsi comme traits proéminents de personnalité et conduite (professionnelle), comme niveaux élevé d'autonomie sociale, de développement inter-personnel, personnalité mature, adaptabilité, haut degré de conscience, efficacité personnelle et sociale, intelligence émotionnelle, réalisme et l'équilibre, volonté puissante, optimisme, pensée active, niveaux élevé de développe-ment moral, hautes compétences professionnelles etc.

L'aspect que la personnalité en soi, le développement *humain*, spirituel et psychologique-personnel, forte du client et du professionnel ne sont pas, automatiquement, ressources du processus d'intervention à moins que elles sont identifiées, évaluées et gérées intelligemment et professio-nnellement en tant que telle, est abordé dans le **Chapitre 12 - Les ressources du client et les ressources du professionnel dans la pratique du travail social humaniste.** Le but principal de l'activité du

TRAVAIL SOCIAL HUMANISTE :
La personnalité et les relations humaines
– ressources et valeurs principales de la pratique

professionnel c'est d'exploiter, partant de sa personnalité et le système complexe des relations sociales et humaines, les ressources psychologique-personnelles, d'humanisme et de spiritualité du client afin de récupération, bonheur, d'autonomisation et de réinsertion sociale. A cet effet, les valeurs, principes et ressources cruciales qui sont impliquées dans les processus d'évaluation et d'intervention, dans l'interaction assistancielle/ thérapeutique avec le client seraient: la personnalité concrète, unique, *humaine*, spirituelle et psychologique-personnelle (forte) du client; les relations humaines concrètes, uniques, culturelles, organisationnelles du client; le développement personnel et humain des client et l'obtention de l'autonomie; le développement humain et culturel de la communauté; flexibilité méthodologique; discipline; responsabilité etc. A cet égard, pour chaque catégorie de personnes impliquées dans le processus assistanciel/ récupératif/ thérapeutique devrait mettre en évidence et impliquées les dimensions, valences, côtés de la personnalité ou des relations humaines qui sont compatibles avec les objectifs (humanistes) établies, avec les méthodes et les techniques spécifiques utilisées. Par exemple, lorsque l'on vise l'augmentation de la résilience, de la capacité d'adaptation et d'intégration sociale du client est efficace à engager dans le processus d'intervention les ressources de sa forte personnalité, par le développement psychologique-personnel et social, et, lorsque l'on vise la réhabilitation humaine et le bonheur du client, il est recommandé l'exploitation des ressources de la personnalité *humaine* et spirituelle, des relations *humaines* et culturelles du client.

Dans la **cinquième partie** du livre, **LA PERSONNALITÉ ET LES RELATIONS HUMAINES COMME RESSOURCES PRINCIPALES DANS LA MÉTHODOLOGIE, LA GESTION ET LA PRATIQUE DU TRAVAIL SOCIAL HUMANISTE,** les chapitres 13, 14 et 15, est montrée la façon dont la personnalité, les relations humaines et la micro-communauté (humaine) se retrouvent comme ressources et valeurs de base de la méthodologie, la gestion et la pratique du travail social humaniste.

Dans le **Chapitre 13 - Les ressources de la personnalité dans la méthodologie du travail social humaniste,** est observé, principalement, en quelle mesure la personnalité, du professionnel et du client, comme ressources, déterminent la méthodologie spécifique du travail social humaniste, spécialement la méthodologie *casework*, les méthodes adoptées/ adaptées de la psychothérapie humaniste, les méthodes centrées sur le client, les méthodes existentielles, les méthodes gestaltistes et les méthodes appréciatives. Dans son activité ***casework* humaniste,** par sa personnalité *humaine* et forte, le professionnel peut contribue crucialement à la réalisation des objectifs humanistes établis,

TRAVAIL SOCIAL HUMANISTE :
La personnalité et les relations humaines
– ressources et valeurs principales de la pratique

essentiellement ceux-ci concernent le bien-être *humain* et spirituel du client, la réduction des souffrances et des angoisses, mais aussi ceux-ci concernent l'empowerment, l'autonomisation, l'intégration et l'adaptation socio-humaine dans la collectivité où le client vit. À cet égard, le rôle principal du professionnel est de contribuer, avec les ressources de sa personnalité, de ses qualités et comportements, au changement et à la transformation de la personnalité déshumanisée et faible/ vulnérables du client en personnalité forte/ développée et *humaine,* prosociale. **Les méthodes de la psychothérapie humaniste** apportent dans la pratique du travail social humaniste les principes de la réhabilitation (intégration sociale/ humaine) par la concentration sur les besoins et les sentiments du client, par le développement personnel, humain et spirituel. L'idée de base des *méthodes axées sur le client* est de prendre sérieusement en considération la personnalité concrète et unique, les sentiments des clients, parce que ceux-ci sont la base pour aider, par trouver les ressources internes de la personnalité - idée très utile aussi en travail social, d'autant plus en travail social humaniste. *Les méthodes existentielles* se concentrent, en particulier, sur l'autodétermination, libre volonté et la recherche de sens. Elles sont basées sur une série de thèses philosophico-existentielles et phénoménologiques, proposant, principalement, dans l'activité d'évaluation, la recherche, l'identification des angoisses/ crises existentielles du client. Les *méthodes gestaltistes* proposent/ impliquent la réalisation de la convergence entre la personnalité, conscience, l'expérience, le comportement et l'enivrement, "entre la figure et le fond". **Les méthodes appréciatives** promeuvent, comme l'objectif, mais également comme principale stratégie, la résolution des problèmes sociaux/ humains du client par l'appréciation, la connaissance et la croissance des attentes optimistes, positives du travailleur social et du client relatives à l'évolution de la personnalité du client, du problème, et relatives à l'évolution des résultats de l'activité d'intervention.

Dans le **Chapitre 14 - Les ressources de la personnalité dans la planification et la gestion de la pratique du travail social humaniste,** est abordé le thème concernant le rôle de la personnalité, avec les deux dimensions principale, *forte* et *humaine*, dans l'activité de **planification** et dans la **gestion de la pratique** en travail social humaniste, ou le client est représenté comme « *être humain* », personne unique et personnalité complexe qui vit dans un contexte socio-humain particulier complexe, dans des organisations et des communautés humaines avec caractéristiques socio-humaines déterminées, uniques, au-delà des régularités d'organisation et fonctionnement social-institutionnel, des réflexions sociologique et scientifique abstraites, générali-

TRAVAIL SOCIAL HUMANISTE :
La personnalité et les relations humaines
– ressources et valeurs principales de la pratique

santes. Le but principal de l'activité du manager c'est d'exploiter, partant de sa conscience professionnelle *humaine* et le système des relations sociales et *humaines* concrètes, *les ressources* d'humanisme et de spiritualité afin de récupération, de bonheur, d'autonomisation et réinsertion sociale, socio-humaine. La souffrance, le malheur, l'échec personnel, la déshumanisation de l'individu, les drames émotionnels, le sous-développement personnel sont parmi *les problèmes centraux* qui doivent être en attention dans l'activité de planification et la gestion de la pratique du travail social humaniste. L'activité de planification et gestion de la pratique du travail social humaniste met à la base, comme *valeur* fondamentale, la représentation et l'approche du client comme un être humain avec ego et âme, avec sentiments, souffrances, avec des besoins spirituels et eudémoniques, comme personnalité, avec volonté, liberté (libre arbitre) et beaucoup des ressources internes pour la réhabilitation et la reconquête de l'autonomie, et pas seulement comme un simple élément dysfonctionnel dans un système social. En accord avec ces principes, le rôle principal de la pratique du travail social humaniste est de permettre aux clients de réaliser leur potentiel au sein de la relation thérapeutique et le contexte socio-humain concret où ils vivent, par renforcer le potentiel interne, pour atteindre l'auto-actualisation dans l'environnement social (famille, organisation etc.). *Le code de la pratique* en travail social humaniste met au centre de l'attention les valeurs de la personnalité et de la dignité *humaine*. En ce sens, la représentation et l'approche du client en tant qu'être humain, implique une plus grande responsabilité de prendre en considération les besoins de bonheur et un bon vivant, en parallèle avec la préoccupation pour l'autonomisation du client, par le développement de sa personnalité. Dans les activités d'identification, d'évaluation, de diagnostic, conception, planification, d'intervention, dans les objectifs de réadaptation psychologique et sociale *la gestion de cas humaniste* implique l'accent sur les questions *humaines*, spirituelles, ontologiques, subjectives du client, de sa personnalité complexe et unique et sa vie réel, processuelle.

Le **Chapitre 15, Les ressources de la personnalité dans la pratique concrète du travail social humaniste,** est le chapitre pratique-applicatif du livre. Le travail social humaniste utilise les *pratiques fondées sur les preuves* pour comprendre et adresser, scientifiquement et expérimentalement, la personnalité, du client et praticien, les relations et les comportements *humains*, le développement *humain*, les problèmes sociaux, les situations de difficulté des clients. Dans la pratique du travail social humaniste *le soin* (de la personnalité) *est plus important* que *l'aide*. On concerne un soin holistique et humaniste, qui comprend la personnalité et la spiritualité, non seulement les sphères

TRAVAIL SOCIAL HUMANISTE :
La personnalité et les relations humaines
– ressources et valeurs principales de la pratique

physiques et émotionnelles de la personnalité. La pratique en travail social humaniste favorise **le placement** de la personne séparée de sa famille naturelle dans des familles de substitution, dans la famille élargie, les voisins, et spécialement l'adoption. Du point de vue de l'axiologie du travail social humaniste le rôle des services sociaux, des travailleurs sociaux, des psychologues et des travailleurs sociaux devrait être de chercher compatibilités pas seulement «psychologique-socio-métrique» mais aussi «*humaines*» et «spirituelles». **La thérapie et le travail social clinique** humanistes favorisent la relation d'égalité entre le thérapeute et le client, et augmente le rôle de la personnalité et des processus affectifs, compathiques dans la relation d'intervention. Les méthodes et les pratiques humanistes apportent dans le travail social clinique les principes de réhabilitation par la concentration sur les besoins et les sentiments concrets du client, par le développement de sa personnalité unique. La personnalité (forte et *humaine*) du praticien, les qualités psychologique-spirituelles représentent, à cet effet, dans la pratique du travail social humaniste, les moyens, les ressources personne-lle-professionnelles essentielles qui peuvent faciliter le développement de la personnalité et des relations humaines, et par celles **le changement, la réhabilitation et l'intégration sociale du client.**

Le papier comprend aussi, dans l'ANNEXE, une brève présentation, en anglais, de « *Le Projet TRAVAIL SOCIAL HUMANISTE* », sous l'égide duquel est publié ce livre. *(The paper also contains an APPENDIX, which includes a brief presentation, in English, of "The HUMANISTIC SOCIAL WORK Project", under whose aegis is published this work).*

TRAVAIL SOCIAL HUMANISTE :
La personnalité et les relations humaines
– ressources et valeurs principales de la pratique

PARTIE I

LE TRAVAIL SOCIAL HUMANISTE – LA TROISIÈME VOIE DANS LE TRAVAIL SOCIAL CONTEMPORAIN

TRAVAIL SOCIAL HUMANISTE :
La personnalité et les relations humaines
– ressources et valeurs principales de la pratique

TRAVAIL SOCIAL HUMANISTE :
La personnalité et les relations humaines
– ressources et valeurs principales de la pratique

RÉSUMÉ

Cette première grande partie du livre se concentre principalement sur la présentation théorétique du **travail social humaniste**. L'approche est faite comparativement, par référence au travail social traditionnel/ conventionnel et au travail social structurel (critique/ radical).

Le travail social traditionnel est basé, théoriquement et axiologiquement-doctrinalement, principalement sur les théories et valeurs humaniste-traditionalistes concernant la relation entre le bien-être individuel et le bien-être public, avec une importante origine et support religieuse. Méthodologiquement, le travail social traditionnel, ou conventionnel, est basé, principalement, sur les méthodes et techniques humaniste-traditionalistes concernant la relation entre le praticien et le client.

D'une certaine manière en opposition, **le travail social structurel** est basé, théoriquement, axiologiquement-doctrinalement, principalement sur les théories et valeurs philosophico-criticistes et radicales concernant les relations entre le bien-être individuel et le bien-être public. Le but principal est de se éloigner des approches traditionnelles, qui sont fondées sur un modèle médical et émotionnel de l'homme, qui plaçaient l'accent sur la personne plutôt que sur la société et la communauté dans son ensemble, d'où, selon les théoriciens du travail social structurel, radical et critique, dérivent les problèmes sociaux et humains, les inégalités, les souffrances.

Dans le contexte du conflit théorique et méthodologique entre le Travail Social Traditionnelle/ Conventionnelle et le Travail Social Critique/ Radical, dans les dernières décennies une autre orientation, *humaniste* (existentielle, spirituelle etc.), d'une manière subtile, progressivement, semble s'imposer avec une force croissante. L'abondance des concepts et des théories, méthodes et techniques amenées de la psychologie et la psychothérapie humaniste, de la sociologie humaniste et la micro-sociologie, justifie l'observation que nous pouvons être en présence d'une **troisième voie** dans le travail social contemporain, avec presque certain perspective à devenir dominante – **Le Travail Social Humaniste**.

La théorie et **l'axiologie** spécifique du travail social humaniste tentent d'assembler et d'organiser la théorie et la méthodologie assumées humanistes du travail social contemporain, dans un système théorétique unitaire, promouvant, essentiellement, l'idée de l'être humain concret et

---

TRAVAIL SOCIAL HUMANISTE :
La personnalité et les relations humaines
– ressources et valeurs principales de la pratique

complexe, l'individualité et le bonheur personnel, ses intérêts, sentiments et valeurs fondamentales, le bien-être spirituel de la personne, la personnalité *humaine* et les relations *humains* comme des ressources fondamentales de la pratique, la dignité humaine, la justice sociale, l'égalité, la solidarité, l'exploitation des ressources culturelles et socio-humaines de la communauté et du contexte social, l'émancipation spirituelle, le développement personnel/ *humain* et l'autodétermination du client. **La mission** et les objectifs principaux du travail social sont de promouvoir une attitude, un cadre, une atmosphère humaniste-solidariste et proactive dans la relation *praticien-client*, dans la communauté où vie le client, par la création d'un environnement socio-humain basé sur empathie et humanité, par l'humanisation de la communauté, par le changement des clients et des communautés, par l'émancipation, le développement et la responsabilisation personnelle/ communautaire, partant du droit de la personne (client)/ communauté au bonheur et bien-être, mais aussi de leur droit à dignité et autodétermination.

Les théories du développement et de l'autonomisation personnelle, en travail social humaniste, sont modèles théoriques et fondations pour représenter et approcher le client comme être humain en cours de développement, avec la personnalité comme ressource pour croissance et changement, pour représenter et approcher le client comme personne avec volonté, libre arbitre, ego, caractère, sensibilité et empathie, et pas comme un simple individu dans une simple interaction sociale, organisationnelle. **La théorie de l'empathie** est un instrument formatif utilisé par les professionnels dans la réalisation des objectifs spécifiques, principalement dans la réhabilitation humaine et l'autonomisation psycho-sociale du client. **La théorie du bonheur** dans le travail social humaniste est soutenue par le fait que est basée sur des idées, des aspects, des principes que: toutes les personnes, indépendamment d'âge, de sexe, nationalité, race, statut social, profession ont le droit à une vie digne, au bonheur, à l'épanouissement personnel; l'indicateur essentiel de la qualité de la vie humaine est la satisfaction interne, le bonheur et la complaisance de la personne; le bonheur authentique est une source de développement personnel, efficacité sociale/ professionnelle et facteur pour l'acquisition de la capacité de réinsertion sociale autonome.

TRAVAIL SOCIAL HUMANISTE :
La personnalité et les relations humaines
– ressources et valeurs principales de la pratique

CHAPITRE 1

LE TRAVAIL SOCIAL TRADITIONNEL ET LE TRAVAIL SOCIAL CRITIQUE. LE TRAVAIL SOCIAL HUMANISTE - LA TROISIÈME VOIE

TRAVAIL SOCIAL HUMANISTE :
La personnalité et les relations humaines
– ressources et valeurs principales de la pratique

Dans le processus historique d'affirmation de et l'établissement les idées, les méthodes et les pratiques explicitement humanistes de travail social ont manifestées et imposées dans le contexte de la dominance de deux systèmes théorique-méthodologiques et institutionnelles bien établies du travail social, d'assistance et politique sociale, en quelque sorte opposées et complémentaires; il est à propos, d'une part, du **travail social traditionnel**, nommé *conventionnel* ainsi, concentré sur l'aide et le soins émotionnel, matériel et financier individuel, et d'autre part, du **travail social structurel**, appelé, aussi, *critique*, *radical* ou *institutionnel*, concentré sur la structure, le système, l'institution, sur les projets d'imposer le bien-être général et la justice sociale par des mesures structurelle-sociétales fondamentales, radicales, et par l'empowerment communautaire et sociétale.

Ainsi, dans le contexte de conflit théorique et méthodologique entre le Travail Social Traditionnel/ Conventionnel et le Travail Social Critique/ Radical, dans les dernières décennies une autre orientation, humaniste, d'une manière subtile, progressivement, semble s'imposer avec une force croissante. L'abondance des concepts et des théories, méthodes et techniques à partir de la psychologie et la psychothérapie humaniste, à partir de la sociologie humaniste et la microsociologie, justifie l'observation que nous pouvons être en présence d'une **troisième voie** dans le travail social contemporain, avec presque certain perspective à devenir dominante – **Le Travail Social Humaniste**.

1.1. LE TRAVAIL SOCIAL TRADITIONNEL – THÉORIE ET AXIOLOGIE

Le travail social traditionnel est basé, théoriquement, axiologiquement et doctrinalement, principalement sur les théories et les valeurs humaniste-traditionalistes concernant la relation entre le bien-être individuel et le bien-être public, avec une importante origine et support moral (éthique) et religieuse, étant identifié, en grande partie, avec la théorie de base du travail social, en général. Le travail social traditionnel est basé sur les ressources théorétique-épistémologiques classiques des

TRAVAIL SOCIAL HUMANISTE :
La personnalité et les relations humaines
– ressources et valeurs principales de la pratique

sciences sociales et humaines, sur les ressources de la philosophie humaniste-solidariste et d'autres domaines de la science et la pratique (Howe, 2009).

C'est l'une des raisons pour laquelle la théorie et la pratique du travail social sont si complexes et pleines de dichotomies et contradictions doctrinales et méthodologiques, prendre, donc, à partir de ceux-ci, la majorité des théories et des outils de pratique, mais, aussi, les débats théoriques/ doctrinales concernant les relations entre structure et agence, individu et société, liberté et responsabilité, matière et esprit, structure et élément, individualisme et solidarité, stagnation et changement (par évolution vs. révolution), la question des droits individuels et collectifs, etc.

Ainsi, ces derniers déterminent l'épistémologie et la méthodologie spécifique du travail social à inclure, harmonieuse ou dichotomique, des orientations, moyens, perspectives et théories des toutes les zones de la philosophie contemporaine et des sciences socio-humaines: phéno-ménologistes, existentialistes, féministes, post-modernes, structu-ralistes, comportementalistes, psychanalytiques, psycho-sociales, cogni-tivistes, holistes, fonctionnalistes, criticistes, traditionalistes, radicales, constructivistes, humanistes etc. (Payne, 2005).

Pourtant, à la première vue, travail social, comme théorie et pratique, est dominée de deux principales, relativement opposés, façons, forces, orientations, nommément le Travail Social Traditionnelle, ou Con-ventionnelle, qui nous abordons dans cette section, et le Travail Social Radical et/ ou Critique, que nous abordons dans le sous-chapitre qui va suivre. Le débat théorique et doctrinale entre les deux constitue sujet de nombreux livres, articles et études.

1.2. LE TRAVAIL SOCIAL TRADITIONNEL – MÉTHODE ET PRATIQUE

METHODE

Méthodologiquement, le travail social traditionnel, ou conventionnel, est basé, principalement, sur les méthodes et techniques humaniste-tradi-tionalistes concernant la relation entre le praticien et le client.

TRAVAIL SOCIAL HUMANISTE :
La personnalité et les relations humaines
– ressources et valeurs principales de la pratique

Essentiellement, cette tradition implique que la société, la communauté ont une responsabilité morale, inconditionnée, vers la personne dans le besoin; situations qui le place dans une hypostase située sous la condition de *l'être humain* et, par conséquent, la société, la communauté, la famille doivent intervenir pour normaliser son situation sociale et humaine, principalement par aider, soins, par méthodes et solutions ponctuelles, support matériel (physique et émotionnel), sans l'utilisation, délibérément, des méthodes que provoque changements structurels, pour la changement de à la base les conditions systémiques qui génèrent ou maintiennent les problèmes.

PRATIQUE

Biestek (1978) caractérise le pratique du travail social traditionnel en particulier par certains valeurs et principes clés comme:

- d'abord l'agence et alors la structure;

- mettre l'accent sur la détresse de la personne (physique et émotionnelle};

- individualisation;

- acceptation, tolérance et non discrimination;

- attitude de non-jugement;

- confidentialité et respect pour le client comme une personne, un *être humain.*

1.3. LE TRAVAIL SOCIAL CRITIQUE/ RADICAL – THÉORIE ET AXIOLOGIE

Le travail social radical (ou critique) est basé, théoriquement-épistémologiquement et axiologiquement-doctrinalement, principalement, sur les théories et les valeurs philosophico-criticistes et radicales concernant les relations entre le bien-être individuel et le bien-être public.

Ainsi, la pensée et les méthodes modernes et scientifiques, les théories critiques et radicales, les théories du changement social et du progrès (hégéliennes, marxistes, structuralistes, féministes) les théories anti-

TRAVAIL SOCIAL HUMANISTE :
La personnalité et les relations humaines
– ressources et valeurs principales de la pratique

discriminatoires et anti-oppressives, les théories postcoloniales, les nouveaux théories structurelles soutiennent, épistémologiquement et méthodologiquement, ce paradigme/ paradigmes du travail/ protection social.

Le but principal du travail sociale radical et critique est de se éloigner des approches traditionnelles, qui sont fondées sur un modèle médical et émotionnel de l'homme, qui place les personnes/ les clients dans une position passive, avec l'accent sur la personne (en particulier sur les besoins matériels et émotionnels) plutôt que sur la société et la communauté dans son ensemble, au niveau structurel et systémique, d'où, selon les théoriciens du travail social radical et critique, dérivent les problèmes sociaux et humains (Mullaly, 2006).

1.4. LE TRAVAIL SOCIAL CRITIQUE/ RADICAL – MÉTHODE ET PRATIQUE

METHODE

Méthodologiquement, le travail social radical (ou critique) est basé, principalement, sur les méthodes radicales concernant la relation entre le praticien et le client.

Ainsi, par sa nature constitutionnelle, la méthodologie du travail social radical/ critique est établie comme une réponse et attitude critique, même révolutionnaire, contre la méthodologie du travail social traditionnel/ conventionnel, promouvant méthodes et attitudes méthodologiques comme:

- d'abord la structure et après l'agence;
- mettre l'accent sur la communauté et les changements structurels;
- l'autonomisation de la communauté et de la société;
- le changement social;
- travail social structurel et systémique;
- travail social progressiste;
- justice sociale;

TRAVAIL SOCIAL HUMANISTE :
La personnalité et les relations humaines
– ressources et valeurs principales de la pratique

- politiques anti-oppression;

- réformes sociales et politique radicales etc. (Allan, Pease, et Briskman, 2003).

PRATIQUE

Si le travail social traditionnel/ classique concentre la préoccupation sur le bien-être de la personne, ici et maintenant, en pratique du travail social radical/ critique l'accent est sur la détermination de certaines transformations et changements structurelles, systémiques, de sorte que le bien-être être dérivé à partir de la structure/ constitution socio-économique optimale, à partir de la justice sociale, institutionnellement, ontologiquement et fonctionnellement établies.

Les principales questions qui visent les professionnels d'aborder et de résoudre sont:

- Les plus grands problèmes sociaux et humains de la société, principalement la pauvreté, la polarisation économique et sociale, l'exclusion sociale, la discrimination, l'abus etc.;

- Les inégalités structurelles et les pratiques et politiques d'opprimé, de marginalisé;

- La promotion d'une représentation déterministe-holistique sur les causes et les facteurs qui génèrent et entretiennent les problèmes sociaux (Allan, Pease et Briskman, 2003);

- La promotion d'une approche systémique sur la société et le système de protection sociale, avec le paradigme structuro-fonctionnaliste de résolution des problèmes;

- Le bien-être est associé avec la réalisation de certains changements sociétaux et politiques fondamentaux;

- Les travailleurs sociaux doivent travaillent collectivement, aider les gens pour confronter collectivement les problèmes sociaux, l'injustice et l'oppression capitaliste (Mullaly, 2002).

TRAVAIL SOCIAL HUMANISTE :
La personnalité et les relations humaines
– ressources et valeurs principales de la pratique

1.5. LE TRAVAIL SOCIAL HUMANISTE - *LA TROISIÈME VOIE* EN THÉORIE, AXIOLOGIE, MÉTHODOLOGIE ET PRATIQUE

Dans le contexte de conflit théorique, doctrinaire, et méthodologique entre le Travail Social Traditionnel/ Conventionnel et le Travail Social Critique/ Radical, dans les dernières décennies une autre orientation, d'une manière subtile, progressivement, semble s'imposer avec une force croissante.

C'est à propos de *l'orientation humaniste* et l'expression logique, formée et appliquée équitablement récente et prudente dans la littérature spécifique: le **Travail Social Humaniste** - syntagme, théorie, axiologie, méthode et pratique qui sont en processus d'établissement, et reste à voir si elles aura s'asseoir à côté de le Travail Social Traditionnel/ Conventionnel et le Travail Social Critique/ Radical, à côté de leurs théories et méthodes, et, spécialement, si s'établira définitivement, d'une manière cohérente, dans la théorie et dans la pratique actuelle des professionnels et des agences.

Le processus est étroitement lié de l'offensive de la psychologie et de la psychothérapie humaniste, d'un côté, et de la microsociologie et la sociologie humaniste, d'un autre coté. Tous dans le contexte philosophique et épistémologique conçu par la phénoménologie, l'existentialisme, le postmodernisme/ post-postmodernisme etc. dans les domaines de la théorie et la pratique sociale (Payne, 2011).

Alors, l'abondance des concepts et des théories, méthodes et techniques, spécialement provenant de la psychologie et la psychothérapie humaniste, de la sociologie humaniste et la microsociologie, justifie l'observation que nous pouvons être, déjà, en présence d'une *troisième voie* dans le travail social contemporain, avec presque certain perspective à devenir dominante.

La nécessité d'une approche humaniste en travail social, avec accent sur les théories et pratiques de l'autonomisation (personnes et communautés), sur empathie, humanisme et spiritualité (comme moyen de solidarité socio-humaine et relation thérapeutique), est devenu évident spécialement après la chute du communisme dans les pays d'Europe centrale et orientale, par qui ils étaient tombés nombreuses

TRAVAIL SOCIAL HUMANISTE :
La personnalité et les relations humaines
– ressources et valeurs principales de la pratique

aspirations pour réaliser une société sans inégalités et l'oppression, et avec l'avènement de la crise économique, qui a réduit les ressources avec quoi être aidé les peuples vulnérables, individus et groupes sociaux dans le besoin ou difficulté, par les modalités de redistribution et contrôle social, choquant sérieusement l'État-providence.

La mission et la tâche principale du travail social humaniste est, dans ce contexte, de promouvoir une attitude proactive et compathique (solidariste) dans la relation *praticien/service-client*, par le créer d'un environnement socio-humain (communautaire/ thérapeutique) basé sur empathie, amour, harmonie et humanité, par l'humaniser la communauté, par le changement des clients et des communautés par leur autonomisation, émancipation, développement et responsabilisation personnelle/ communautaire, en partant du droit fondamental de la personne/ communauté au bonheur et bien-être, de leur droit à la dignité et l'autodétermination, mais aussi en partant du fait que la personne et la micro-communauté ont beaucoup des ressources internes inutilisés pour la récupération et pour l'affirmation social autonome (Stefaroi, 2014).

TRAVAIL SOCIAL HUMANISTE :
La personnalité et les relations humaines
– ressources et valeurs principales de la pratique

CHAPITRE 2
LE TRAVAIL SOCIAL HUMANISTE – SOURCES/ FONDEMENTS THÉORICO-MÉTHODOLOGIQUES

2.1. L'HUMANISME. LA PHILOSOPHIE DE L'HOMME 52

2.2. LE MOUVEMENT DES DROITS HUMAINS 54

2.3. LA PSYCHOLOGIE/ PSYCHOTHÉRAPIE HUMANISTE 55

2.4. LA MICROSOCIOLOGIE, LA SOCIOLOGIE HUMANISTE 56

2.5. LE POSTMODERNISME ET LE POST-POSTMODERNISME 57

TRAVAIL SOCIAL HUMANISTE :
La personnalité et les relations humaines
– ressources et valeurs principales de la pratique

Sans aucun doute, *l'humanisme*, comme philosophie (de l'homme) et mouvement, représente le fondement central et source essentielle de la théorie et la pratique du travail social, en général, d'autant plus du travail social humaniste.

La psychologie et la psychothérapie humaniste apportent en travail social (humaniste) concepts et idées telles que la thérapie centrée sur le client, la personnalité, l'optimisme, la créativité, l'unicité individuelle, l'autodétermination, l'auto-actualisation, l'accent sur les aspects particuliers de l'existence humaine, de la personne / du client.

Aussi, **la *microsociologie* et *la sociologie humaniste*** sont importantes sources théoriques et méthodologiques pour le travail social humaniste, spécialement pour le travail social humaniste communautaire.

La pensée philosophique, sociologique et culturelle postmoderne et post-postmoderne vient, entre autres, avec des propositions et solutions philosophico-paradigmatiques qui appellent à une réévaluation, par une lumière néo-humaniste, dans l'ère cybernétique et de la mondialisation, des grandes ressources et valeurs traditionnelles universelles qui ont marquées l'histoire du monde, comme la relation entre la personne et la société, les relations inter-personnelles, la famille, l'amour, la solidarité, l'altruisme, la coopération etc.

2.1. L'HUMANISME. LA PHILOSOPHIE DE L'HOMME

Soulignant l'importance de **l'humanisme** dans le soutien théorique, axiologique et praxéologique du travail social humaniste, Malcolm Payne dit:

> „*Humanism brings together rational thinking, through science, with artistic creativity and imagination; one is not more important than another. The aims of that constellation of human skills are the development of thought-out value systems, innovation, and critical evaluation of ideas and actions. Democracy, human rights, and personal liberty go alongside one another in helping us achieve personal fulfillment in our lives*" (2011, p. 5).

TRAVAIL SOCIAL HUMANISTE :
La personnalité et les relations humaines
– ressources et valeurs principales de la pratique

Dans la catégorie **philosophie de l'homme** nous incluons, surtout, *la phénoménologie* et de *l'existentialisme* (spécialement par leur dimensions psychologique-sociologiques, humaines), par des penseurs tels que Husserl, Kierkegaard, Nietzsche, Heidegger, Sartre, Simone de Beauvoir, Maurice Merleau-Ponty etc., avec leurs préoccupations pour:

- La liberté et la responsabilité de la personne (Heidegger) ;

- La volonté et la capacité d'autodétermination (Merleau-Ponty, 1965) ;

- Les expériences de limite (Sartre) ;

- Les crises et les impasses existentielles ;

- Les limites de la liberté personnelle (Sartre) ;

- La congruence ontologique entre la personne et l'environnement;

- L'existence sociale concrète ;

- Le déplacement de l'intérêt des thèmes abstraits métaphysique, vers les thèmes, phénoménologiques, existentielles ;

- De la philosophie spéculative vers la science ou la philosophie du monde concrète, déterminée, de l'homme concret (Husserl, Kierkegaard);

- La primauté de l'homme en tant qu'individu, personne, ego, et unicité dans la société ;

- Les limites de l'être humain, la fragilité de l'être humain (Simone de Beauvoir) ;

- Intérêt pour la croissance personnelle et l'autonomie (Nietzsche) ;

- La puissance de la raison, la connaissance de soi, la réalisation de soi, l'auto-actualisation ;

- Mettre l'accent sur la vie réel (Husserl) ;

- L'intérêt pour des sujets tels que le bonheur et la détresse d'individu (Merleau-Ponty, 1965).

TRAVAIL SOCIAL HUMANISTE :
La personnalité et les relations humaines
– ressources et valeurs principales de la pratique

2.2. LE MOUVEMENT DES DROITS HUMAINS

Beaucoup de ces idées et valeurs peut être trouvé dans la *Déclaration universelle des droits de l'homme*, qui constitue, aussi, important source et prémisse de la théorie et l'axiologie du travail social humaniste.

Nous sélectionnons et énumérons, ci-dessous, les stipulations les plus pertinentes en relation avec les objectifs fondamentaux de la pratique du travail social humaniste.

- *Tous les êtres humains naissent libres et égaux en dignité et en droits. Ils sont doués de raison et de conscience et doivent agir les uns envers les autres dans un esprit de fraternité.*
- *Tout individu a droit à la vie, à la liberté et à la sûreté de sa personne.*
- *Chacun a le droit à la reconnaissance en tous lieux de sa personnalité juridique.*
- *Tous sont égaux devant la loi et ont droit sans distinction à une égale protection de la loi. Tous ont droit à une protection égale contre toute discrimination qui violerait la présente Déclaration et contre toute provocation à une telle discrimination.*
- *Nul ne sera l'objet d'immixtions arbitraires dans sa vie privée, sa famille, son domicile ou sa correspondance, ni d'atteintes à son honneur et à sa réputation. Toute personne a droit à la protection de la loi contre de telles immixtions ou de telles atteintes.*
- *La famille est l'élément naturel et fondamental de la société et a droit à la protection de la société et de l'Etat.*
- *Toute personne, en tant que membre de la société, a droit à la sécurité sociale ; elle est fondée à obtenir la satisfaction des droits économiques, sociaux et culturels indispensables à sa dignité et au libre développement de sa personnalité, grâce à l'effort national et à la coopération internationale, compte tenu de l'organisation et des ressources de chaque pays.*
- *Toute personne a droit au travail, au libre choix de son travail, à des conditions équitables et satisfaisantes de travail et à la protection contre le chômage.*
- *Toute personne a droit à un niveau de vie suffisant pour assurer sa santé, son bien-être et ceux de sa famille, notamment pour l'alimentation, l'habillement, le logement, les soins médicaux ainsi que pour les services sociaux nécessaires ; elle a droit à la sécurité en cas de chômage, de maladie, d'invalidité, de veuvage, de vieillesse ou dans les autres cas de*

TRAVAIL SOCIAL HUMANISTE :
La personnalité et les relations humaines
– ressources et valeurs principales de la pratique

perte de ses moyens de subsistance par suite de circonstances indépendantes de sa volonté.

- *La maternité et l'enfance ont droit à une aide et à une assistance spéciales. Tous les enfants, qu'ils soient nés dans le mariage ou hors mariage, jouissent de la même protection sociale.*
- *Toute personne a droit à l'éducation. L'éducation doit être gratuite, au moins en ce qui concerne l'enseignement élémentaire et fondamental. L'enseignement élémentaire est obligatoire. L'enseignement technique et professionnel doit être généralisé ; l'accès aux études supérieures doit être ouvert en pleine égalité à tous en fonction de leur mérite.*
- *L'éducation doit viser au plein épanouissement de la personnalité humaine et au renforcement du respect des droits de l'homme et des libertés fondamentales.*
- *Les parents ont, par priorité, le droit de choisir le genre d'éducation à donner à leurs enfants.*
- *L'individu a des devoirs envers la communauté dans laquelle seul le libre et plein développement de sa personnalité est possible.*
- *Dans l'exercice de ses droits et dans la jouissance de ses libertés, chacun n'est soumis qu'aux limitations établies par la loi exclusivement en vue d'assurer la reconnaissance et le respect des droits et libertés d'autrui et afin de satisfaire aux justes exigences de la morale, de l'ordre public et du bien-être général dans une société démocratique.*
(www.un.org/en/documents/udhr/).

2.3. LA PSYCHOLOGIE/ PSYCHOTHÉRAPIE HUMANISTE

La psychologie et la psychothérapie humaniste apportent au premier plan de la connaissance et de l'action assistentielle et thérapeutique concepts et idées telles que :

- l'intervention centrée sur le client (Rogers, 1951) ;

- l'importance de l'empathie et de la personnalité (du client et du professionnel);

- la responsabilité de la personne ;

- l'autodétermination ;

- la congruence psychologique-ontologique entre la personne et l'environnement ;

- l'existence socio-humaine concrète ;

TRAVAIL SOCIAL HUMANISTE :
La personnalité et les relations humaines
– ressources et valeurs principales de la pratique

- intérêt pour la croissance personnelle et l'autonomie ;

- la puissance de la raison, la connaissance de soi, la réalisation de soi ;

- l'accent sur la vie réel, quotidienne du client ;

- intérêt pour le bonheur et la détresse d'individu/ client ;

- l'optimisme ;

- la créativité ;

- l'unicité individuelle *;*

- l'auto-actualisation (Maslow, 1993) ;

- l'accent sur les aspects positifs de l'existence humaine, la tolérance, l'amour, l'espoir (Payne, 2011), etc.

Aspect très important pour la pratique du travail social humaniste, la psychologie et la psychothérapie humaniste favorisent le développement de la personne, du client, conformément à ses caractéristiques uniques, individuelles.

Chaque individu en bonne santé a la capacité d'atteindre son potentiel en termes humains, sociaux et spirituels, tout dépendant de son activisme intérieur et de la volonté pour le changement ou l'accomplissement de soi (Plotnik et Kouyoumdjian, 2007).

Ceux-ci sont, aussi, une des principales ressources de la pratique du travail social humaniste.

2.4. LA MICROSOCIOLOGIE, LA SOCIOLOGIE HUMANISTE

La microsociologie est une importante source théorique et ressource méthodologique pour le travail social humaniste.

Cette science de la micro-communauté est une branche constitutionnelle de la sociologie qui étudie avec priorité les lois des microgroupes et des contextes socio-humaines, en concentrant sur les processus socio-humains inter-personnels (subjectives, humains), sur les relations et les phénomènes inter-personnelles concrètes – empathiques, d'attachement, de solidarité, d'amour, de conflit, coopération,

TRAVAIL SOCIAL HUMANISTE :
La personnalité et les relations humaines
– ressources et valeurs principales de la pratique

etc. (Garfinkel, 2006) - ressources et catégories cruciales de la pratique en travail social humaniste.

Aussi, **la sociologie humaniste** est une important source/ ressource théorique et méthodologique en travail social humaniste.

Parmi les plus importantes préoccupations de la sociologie humaniste sont les suivants:

- l'observation de la façon dont les personnes concrètement interagissent, vivent, aiment, souffrent;

- quel type de relations d'attachement s'établissent entre eux dans les relations de parenté, amitié, inimitié, intérêt, collégialité;

- comment les personnes et les micro-communautés résolvent les problèmes quotidienne;

- comment les personnes et les micro-communautés s'adaptent aux changements, ou réagissent à la crises ou l'événements majeurs;

- comment le personnes adaptent, interactivement, leurs comportements et symbolise, mutuellement, l'existence sociale (les lois, les valeurs, les coutumes, les rituels, les comportements, les institutions, les idéologies) (Znaniecki, 1969);

- les relations de pouvoir - entre les personnes, à l'intérieur des groups/ micro-communautés etc.

2.5. LE POSTMODERNISME ET LE POST-POSTMODERNISME

Sans aucun doute, la pensée philosophique, sociologique et culturelle postmoderne et post-postmoderne a un rôle crucial en le soutenir et la fondamentation axiologique-théorique et méthodologique du travail social humaniste.

Dans la pensée et la pratique sociale contemporaine le **postmodernisme** est identifiable, entre autres, par le suivant idées et valeurs (nous listons seulement celles qui sont pertinentes pour le thème de la section):

- La société, la communauté, le groupe social etc. sont des entités très complexes et imprédictibles, sans des buts et des objectifs clairs, précis;

TRAVAIL SOCIAL HUMANISTE :
La personnalité et les relations humaines
– ressources et valeurs principales de la pratique

- La société humaine est une existence fragmenté, discontinue et inégale;

- La dynamique sociale est très fluide, l'entité sociale est en constante évolution, la société ne peut pas être modelée épistémologique (Beck, 1992):

- Dans les phénomènes et processus sociaux et humains prévalent l'indétermination et l'irrationnel;

- Les relations entre les institutions et les personnes sont ambivalents et incertains;

- L'hédonisme et le relativisme moral/ culturel;

- L'intérêt primaire de l'individu avant l'intérêt de la société etc.

La pensée philosophique, sociologique et culturelle **post-postmoderne** vient, entre autres, avec des solutions philosophico-paradigmatiques qui, sans mépris les paradigmes postmodernes, appellent à, demandent une réévaluation, dans l'ère cybernétique et de la mondialisation, des grandes valeurs universelles qui ont marquées l'histoire du monde, comme la famille, l'amour, la solidarité, l'altruisme, la coopération etc.

TRAVAIL SOCIAL HUMANISTE :
La personnalité et les relations humaines
– ressources et valeurs principales de la pratique

CHAPITRE 3

LE TRAVAIL SOCIAL HUMANISTE – THÉORIE GÉNÉRALE, AXIOLOGIE, MISSION ET FORMES

TRAVAIL SOCIAL HUMANISTE :
La personnalité et les relations humaines
– ressources et valeurs principales de la pratique

La théorie et **l'axiologie** spécifique du travail social humaniste promeuvent *l'être humain concret et complexe* et *la personnalité* comme concepts-clés, points de repère et valeurs primaires dans le processus assistentiel/ therapeutique d'évaluation et intervention, l'individualité et le bonheur personnel du client, ses intérêts, sentiments et valeurs fondamentaux, le bien-être spirituel de la personne / du client, la personnalité *humaine* et les relations *humaines* comme ressources fondamentales de la pratique, la dignité humaine, la justice sociale, l'égalité, la solidarité, l'exploitation des ressources culturelles et socio-humaines de la communauté et du contexte social particulaire, l'émancipation spirituelle/ culturelle, le développement personnel/ humain/ communautaire et l'autodétermination (de la personne / du client et de la communauté – famille, organisation etc.).

La mission et les objectifs principaux du travail social humaniste c'est de promouvoir une attitude, et de créer un cadre, une atmosphère solidariste, compathique, de coopération inter-humaine dans la relation *praticien-client*, la création d'un environnement socio-humain basé sur empathie, amour et humanité, par l'humaniser de la communauté, par le changement des clients et des communautés par l'émancipation, le développement et la responsabilisation personnelle/ communautaire, partant du droit de la personne/ communauté au bonheur et bien-être, mais aussi de leur droit à la dignité et l'autodétermination.

3.1. ASPECTS THÉORIQUES GÉNÉRAUX

La théorie spécifique du travail social humaniste tente d'assembler et d'organiser, épistémologiquement et méthodologiquement, la théorie et la méthodologie humaniste, plus ou moins assumée et/ou explicite, du

TRAVAIL SOCIAL HUMANISTE :
La personnalité et les relations humaines
– ressources et valeurs principales de la pratique

travail social contemporain, dans un système épistémologique-doctrinal, fournissant à la fois un cadre théorique et méthodologique unitaire, et aussi, un forum pour le débat et l'innovation professionnelle ou scientifique.

Essentiellement et généralement, le paradigme théorique humaniste du travail social, qui, jusqu'à un certain point, est identique avec le travail social dans son ensemble, promeut, selon les plus importantes orientations de la pensée humaniste, principalement existentielles et éthiques, les suivantes types fondamentaux des idées, valeurs et concepts:

- La représentation du client comme être humain concret et complexe, comme personnalité, individualité;

- La personnalité et les relations humains comme les ressources fondamentales de la pratique (Stefaroi, 2013);

- La dignité humaine, l'égalité, la solidarité (Humanistische Akademie, 1998);

- L'exploitation des ressources culturelles et socio-humaines de la communauté et du contexte social (Krill, 1978);

- L'émancipation spirituelle, la développement personnel/ humaine et l'autodétermination (Payne, 2011);

- L'importance de la micro-communauté socio-humaine, spécialement de la famille (Payne, 2011);

- La promotion du bonheur personnel du client, ses intérêts, sentiments et valeurs fondamentaux, le bien-être spirituel et humain (Humanistische Akademie, 1998).

Ainsi, la théorie générale du travail social humaniste dessine l'activité d'assistance et d'intervention sociale avec beaucoup de termes et idées provenant de la psychologie et psychothérapie humaniste, comme l'approche centrée sur le client, l'autonomisation, l'auto-actualisation, le

TRAVAIL SOCIAL HUMANISTE :
La personnalité et les relations humaines
– ressources et valeurs principales de la pratique

potentiel humain et spirituel du client, l'approche holistique, le libre arbitre, l'expérience humaine inter-personnelle, le développement psychologique-personnel du client, la créativité du client et du praticien, la pensée positive/ appréciative, l'empathie, la croissance personnelle, l'auto-détermination du client (Payne, 2011; Humanistische Akademie, 1998).

3.2. AXIOLOGIE

L'autonomisation est, donc, l'un des moyens, objectifs principaux, mais aussi valeur fondamental du travail social humaniste, atteint princi-palement par développement personnel et communautaire, par ré-humanisation, ré-spiritualisation et re-illumination/ culturalisation de la personne et de la communauté - à partir de l'idée que, dans la plupart des cases, les problèmes sociaux et situations de difficulté ont comme explication principale un déficit prononcé de développement personnel et communautaire, d'humanisme, de spiritualité et culture dans les personnalités des individuels ou dans les communautés socio-humaines (familles, organisations etc.).

Malcolm Payne (2011) lie l'axiologie du travail social humaniste avec le concept-valeur de *l'être humain*, aussi avec les principes humanistes fondamentaux dans la pratique tels que:

- les droits fondamentaux de l'homme,

- le développement personnel et spirituel,

- la créativité,

- la responsabilité, et

- la justice sociale.

Ainsi, un concept et valeur clé de la théorie et l'axiologie du travail social humaniste est *l'être humain*. L'interaction *professionnel-client* est, donc, en fait, une relation inter-*humaine* entre deux ou plusieurs *êtres*

TRAVAIL SOCIAL HUMANISTE :
La personnalité et les relations humaines
– ressources et valeurs principales de la pratique

(humain), avec personnalité, ego, conscience et âme, et le succès de l'intervention est crucialement déterminé de ses nature et qualité et pas seulement de les ressources économiques ou la technologie utilisée (Payne, 2011).

Par l'imposition du concept-système "travail social humaniste" dans la théorie et la littérature du travail social il est marque la transition vers une nouvelle phase axiologique, là où l'orientation humaniste rehausse et enrichit leur présence effective, devenant, plus que une association occasionnelle des termes, une théorie solide et unitaire, une paradigme/ voie axiologique, théorique et méthodologique relativement distinct de travail social (Humanistische Akademie, 1998; Stefaroi, 2014).

3.3. SPÉCIFICITÉ DE LA RECHERCHE

D'une grande importance en travail social humaniste, incluant dans la question concernant le rôle de la personnalité et des relations humaines comme valeurs et ressources principales de la pratique, est l'aspect qui vise la spécificité de la recherche et les particularités des méthodes utilisées dans l'activité des professionnels/ services d'évaluation et de d'intervention basés sur ses résultats.

Car les relations et les phénomènes socio-humains complexes, la personnalité, l'expériences humaines ne peuvent pas être facilement et rigoureusement étudiées et capturées par chiffres, nombres (Znaniecki, 1934; Polkinghorne, 1993) la recherche en travail social humaniste est forcée de faire appel souvent aux méthodes qualitatives, narratives, analytiques, interprétatives ou phénoménologiques.

Les résultats de ces recherches sont utilisés par les professionnels et les services dans les méthodes et les pratiques courantes de travail social avec les clients, en particulier dans la méthodologie *casework* humaniste, dans les méthodes appréciatives, dans les méthodes adoptées/ adaptées à partir de la psychothérapie humaniste etc.

TRAVAIL SOCIAL HUMANISTE :
La personnalité et les relations humaines
– ressources et valeurs principales de la pratique

3.4. MISSION ET TÂCHES

En accord avec les stipulations concernant la mission et les objectifs du travail social (en général) dans la définition donnée par la *Fédération Internationale des Travailleurs Sociaux* (FITS), la mission et les objectifs principaux du travail social *humaniste* sont de promouvoir le changement socio-humaine, le développement spirituel, culturel et humain, la cohésion socio-humaine, l'émancipation spirituelle et humaine des personnes, le respect des principes de justice sociale, les droits de l'homme, la responsabilité et le respect de la diversité, soutenues par les théories générales du travail social, les théories des sciences sociales, sciences humaines, engageant les personnes et les structures à aborder les défis de la vie et améliorer le bien-être par l'autonomisation humaine et spirituelle/ culturelle de la personne/ client et de la communauté/ famille (*www.casw-acts.ca/fr/le-travail-social-international*).

Dans ce sens, aller plus loin, la mission et la tâche principale du travail social humaniste serait de promouvoir une attitude compathique et proactive dans la relation *praticien-client*, par la création d'un environnement socio-humain basé sur empathie, amour et humanisme, par l'humaniser la communauté, par le changement des clients et des communautés par émancipation, développement et responsabilisation personnelle/ communautaire (familiale), partant du droit de la personne/ communauté au bonheur et bien-être, mais aussi de leur droit à la dignité et l'autodétermination.

Dans le contexte méthodologique complexe et unitaire le praticien humaniste met l'accent en particulier sur la sphère psychologique-spirituel et socio-humaine de la personnalité du client. L'objectif est, aussi, l'harmonisation ontologique des relations internes et externes au sein du groupe/ communauté, avec effets positifs sur le développement de la consistance ontologique de la personnalité du client, et la diminution du risque à entrée en situation difficile (Ellenhorn, 1988).

TRAVAIL SOCIAL HUMANISTE :
La personnalité et les relations humaines
– ressources et valeurs principales de la pratique

Alors, une de la tâches les plus importantes du travailleur social humaniste est d'habiliter les clients, personnes ou communautés, pour devenir capable, principalement par les ressources de leurs propres personnalités et relations, de faire face aux situations de crise et situations difficiles qui qui pourraient survenir tout moment.

Dans ce but, le professionnel humaniste doit de promouvoir, comme valeurs et objectifs, le développement personnel et humane des clients, la complexité de l'être humain, la valorisation de la créativité du client, le développement du soi/ego, essentiellement la capitalisation des potentiel spirituel et humain de la personnalité.

Le travailleur social humaniste a aussi un rôle important d'éducateur, formateur, qui implique principalement le développement des compétences psychologiques et sociales aux clients (Humanistische Akademie, 1998).

3.5. LE TRAVAIL SOCIAL HUMANISTE-SOLIDARISTE (HUMANITAIRE)

Soutenu, théoriquement, méthodologiquement et ontologiquement, par la philosophie (éthique), la religion, la psychologie transpersonnelle et de l'anthropologie culturelle, le travail social humaniste-solidariste, ou humanitaire, est plus proche, ou même identiques, dans une certaine mesure, avec le travail social traditionnel, en priorisant les soins pour le confort et le bien-être (immédiate) des personnes sans défense, pour soulager la souffrance, par diverses formes d'aide, d'assistance, par la solidarité, l'altruisme, la compassion, l'attachement, l'empathie et sympathie (Stefaroi, 2014).

3.6. LE TRAVAIL SOCIAL HUMANISTE-POSITIF (PROACTIF)

Cette forme/ orientation de travail social est plus proche du travail social critique, radical ou structurel par l'intérêt pour changement, mais non pour la changement du système social, de la société dans son

TRAVAIL SOCIAL HUMANISTE :
La personnalité et les relations humaines
– ressources et valeurs principales de la pratique

ensemble, mais par l'autonomisation, par l'exploitation et de la capitalisation des ressources de la personnalité et des contextes/ relations socio-humaines avec le support théorique de la psychologie et psychothérapie humaniste, de la pédagogie et la sociologie (micro-sociologie) humaniste.

Même si, strictement analytiquement, semble un peu opposées, en fait, les deux formes sont "deux faces d'une même pièce", deux côtes et dimensions d'un même processus, subsumées à une théorie et pratique unitaire du travail social humaniste (Stefaroi, 2014).

TRAVAIL SOCIAL HUMANISTE :
La personnalité et les relations humaines
– ressources et valeurs principales de la pratique

CHAPITRE 4

LE TRAVAIL SOCIAL HUMANISTE –
THÉORIES DE BASE/ SUPPORT

TRAVAIL SOCIAL HUMANISTE :
La personnalité et les relations humaines
– ressources et valeurs principales de la pratique

Dans la pratique effective du travail social humaniste **les théories de développement** et **d'autonomisation personnelle** favorisent principalement l'objectif de développement psychologie-personnelle/ comportementale et d'autonomisation sociale du client. Dans ce cas le nombre des clients individuels, abordés en travail social humaniste comme *êtres humains* en cours de développement et croissance, pourrait réduire considérablement.

Aussi, **les théories de développement** et **d'autonomisation de la communauté (la famille, l'organisation etc.)** promeuvent, **dans la pratique de travail social humaniste,** l'objectifs de développement et d'autonomisation communautaire spécialement par l'augmentation de la qualité des relations humaines (sociales, inter-personnelles), la transformation des relations sociale en relations *humaines*, solidaristes, altruistes et fortes.

La théorie de l'empathie est un instrument formatif utilisé par les professionnels dans la réalisation des objectifs spécifiques, principalement dans la réhabilitation psychologique-humaine et l'autonomisation sociale/ émotionnelle de la personne / du client.

La théorie du bonheur dans le travail social humaniste est soutenue par le fait qu'elle est basée sur des idées, des faits, des principes que: toutes les personnes ont le droit à une vie digne, à bonheur, à l'épanouissement personnel; l'indicateur essentiel de la qualité de la vie humaine est la satisfaction interne, le bonheur et la complaisance de la personne / du client; le bonheur authentique est une source de

TRAVAIL SOCIAL HUMANISTE :
La personnalité et les relations humaines
– ressources et valeurs principales de la pratique

développement personnel, d'efficacité sociale/ professionnelle et facteur important pour l'acquisition de la capacité de réinsertion sociale autonome.

La théorie de l'attachement, qui théorise l'importance d'affection et des relations d'attachement dans la coexistence sociale, affirme que l'une des tâches les plus importantes des professionnels est de générer le cadre socio-affective pour la valorisation des ressources psychologique-émotionnelles de personnes avec le but de réinsertion sociale, de récupération, bonheur, de développement personnel et d'autonomisation du client.

4.1. LES THEORIES DU DÉVELOPPEMENT ET DE L'AUTONOMISATION PERSONNELLE

Les théories du développement et de l'autonomisation personnelle/ sociale de la personne, sont (inclusivement en travail social humaniste) modèles théoriques et fondations pour représenter et approcher le client comme *personne et être humain en croissance* (Allen et Blinc, 2015) et en cours de développement, avec la personnalité comme ressource principale pour croissance et adaptation sociale (Erikson, 1998), avec ego, volonté, caractère, sensibilité et empathie, et moins comme un simple (passif) individu (élément), étant dans une simple interaction (structure) sociale, organisationnelle.

Dans la pratique effective du travail social humaniste il est, donc, favorisée l'objectif du développement et l'autonomisation personnel du client. Dans ce cas le nombre des clients individuels, abordés en travail social humaniste comme *êtres humains* en cours de développement et croissance, pourrait réduire considérablement.

Ces théories, qui proviennent largement de la psychologie et psychothérapie humaniste, opèrent prépondérant avec des termes et des idées comme:

TRAVAIL SOCIAL HUMANISTE :
La personnalité et les relations humaines
– ressources et valeurs principales de la pratique

- Le développement socio-émotionnel, le contrôle des émotions, l'intelligence émotionnelle (Erikson);

- La volonté puissante, la résistance à l'échec et les frustrations;

- l'espoir, l'orientation vers l'avenir;

- L'attitude positive, optimisme, la pensée active;

- Le développement social;

- La capitalisation maximale des compétences et des talents;

- La performance professionnelle;

- L'autonomie sociale;

- Le développement inter-personnel;

- La personnalité mature, l'adaptabilité;

- L'estime de soi (Maslaw);

- L'efficacité personnelle et sociale (Rogers) etc.

Les théories du développement personnel et de l'autonomisation psychologique-personnelle/ sociale de la personne en travail social humaniste soutiennent que un niveau élevé de développement perso-nnel, de réalisme et d'équilibre, de développement inter-personnel, d'autonomie personnelle et sociale, une personnalité mature et adap-tabilité, un haut degré de conscience, de connaissance de soi, d'estime de soi, le bien-être psychologique, émotionnel, l'intelligence émo-tionnelle, la volonté puissante, la résistance à l'échec et les frustrations, l'attitudes positives, l'optimisme, la pensée active sont facteurs importants de résilience et leur acquisition dans le processus d'intervention favorise la réadaptation et la réintégration du personne/ client.

TRAVAIL SOCIAL HUMANISTE :
La personnalité et les relations humaines
– ressources et valeurs principales de la pratique

4.2. LES THEORIES DU DÉVELOPPEMENT ET DE L'AUTONOMISATION DE LA COMMUNAUTÉ

Dans la théorie du travail social humaniste il est estimé que, si à côté de l'objectif du développement personnel et de l'autonomisation personnelle/ sociale du client, du individuel, est favorisé aussi l'objectif du développement et de l'autonomisation de la communauté sûrement le nombre et la gravité des problèmes sociaux, abordés en travail social humaniste comme problèmes *humains*, solidaristes, va diminuer.

Le développement communautaire, l'augmentation de la qualité des relations humaines (sociale), la transformation des relations sociale en relations *humaines*, solidaristes, altruistes sont, de la perspective du théorie du travail social humaniste, des ressources très importantes, encore moins utilisés (Stefaroi, 2012, p. 166).

Les théories du développement et de l'autonomisation de la communauté se concentrent spécifiquement sur le développement communautaire et l'adaptation sociale par l'utilisation des ressources organisationnelles et d'adaptation, mettant en évidence, par conséquent, sa dimension existentielle et cohésive, comme entité, unité dans le contexte macro-social/ sociétal.

Du point de vue de la théorie du travail social humaniste les communautés inclusives et cohésives incorporent, de manière sublime, tant la dimension organisationnel mais aussi la dimension humaine, morale et culturel, représentant, à cet égard, grandes valeurs et ressources dans la pratique du travail social humaniste, en particulier dans les objectifs qui concernent l'intégration sociale/ communautaires du client, en famille, en groupes professionnels etc.

Les théories du développement et de l'autonomisation de la communauté dans le travail social humaniste soulignent en essence que un niveau élevé de développement socio-*humain* et organisationnelle implique une degré élevé d'harmonie sociale, d'unité humaine, de congruence inter-

TRAVAIL SOCIAL HUMANISTE :
La personnalité et les relations humaines
– ressources et valeurs principales de la pratique

personnelle, de compathie, d'attachement sûr, haute fonctionnalité socio-humaine, inter-personnelle, communautaire, intégration/ cohésion sociale etc. - facteurs importants de résilience communautaire et leur développement dans le processus d'intervention favorise la réadaptation et la réintégration du client (personne ou group).

4.3. LA THÉORIE DE L'EMPATHIE

La théorie de l'empathie est un instrument formatif utilisé par les professionnels dans la réalisation des objectifs spécifiques, principalement dans la réhabilitation psychologique-humaine et l'autonomisation sociale/ émotionnelle du client.

Le professionnel utilise les valences proactives, formatives, éducatives et inductives de l'empathie pour la reconstruction, humaine-psychologique et sociale-compathique, de la personnalité et de la communauté, comme étape dans le développement personnel et communautaire et la réhabilitation/ ré-intégration sociale/ humaine du client (Gerdes et Segal, 2011).

Le terme *empathie* repesent source sémantique et terme générique pour d'autres termes importants dans le travail social humaniste comme *la compathie* (solidarité émotionnelle, le partage immédiat de la même émotion avec un autre), *la transpathie* (contagion émotionnelle-cognitive, un état émotionnel-cognitif introduit dans un groupe automatiquement et sans le comprendre), inter-empathie, interpathie etc.

En termes de la théorie de l'empathie, dans la pratique du travail social humaniste l'une des tâches les plus importantes des professionnels est de générer, inclusivement par les ressources émotionnelle-cognitives de la communauté et de la relation thérapeutique/ assistentielle, par les processus empathiques, compatiques, transpathiques, inter-empathiques le cadre et l'occasion socio-*humaine* et psychologique-spirituelle de valoriser, en manière digne, les ressources psychologique-spirituelles,

TRAVAIL SOCIAL HUMANISTE :
La personnalité et les relations humaines
– ressources et valeurs principales de la pratique

morales, comportementales du client avec le final but de récupération, bonheur, autonomisation et réinsertion sociale.

4.4. LA THÉORIE DU BONHEUR

La pertinence et l'utilité de la théorie du bonheur dans le travail social humaniste est soutenue par le fait que est basé sur des idées, des faits, des principes comme celles-ci:

- Toutes les personnes, indifférent de l'âge, le sexe, la nationalité, la race, le statut social, la profession ont le droit à une vie digne, au bonheur, à l'épanouissement personnel;

- L'indicateur essentiel de la qualité de la vie humaine est représenté de la satisfaction interne, le bonheur et la complaisance de la personne;

- Le bonheur authentique est une source du développement personnel, d'efficacité sociale/ professionnelle et facteur pour l'acquisition de la capacité de réinsertion sociale autonome;

- La personne est non pas seulement un simple consommateur de services, de biens matériels, elle est aussi une l'être culturel, spirituel, esthétique, ludique - cette a donc, aussi, des besoins émotionnel, culturel, spirituel, esthétique, ludique, qui, pour une réhabilitation complète, doivent être inconditionnellement satisfaits (Stefaroi, 2009b).

Dans la pratique du travail social humaniste le professionnel utilise les ressources eudaïmoniques pour la reconstruction humaine-psychologique comme étape dans le développement personnel et la ré-habilitation psychologique, ré-intégration sociale/ humaine du client.

TRAVAIL SOCIAL HUMANISTE :
La personnalité et les relations humaines
– ressources et valeurs principales de la pratique

4.5. LA THÉORIE DE L'ATTACHEMENT

La théorie de l'attachement théorise l'importance d'affection et des relations d'attachement dans la coexistence sociale, spécialement en ce qui concerne le rôle des relations affectives, d'attachement *enfant-parent* dans la formation d'une personnalité équilibrée et adaptative de l'enfant (Bowlby, 1999).

Du point de vu de la théorie de l'attachement, dans la pratique du travail social humaniste l'une des tâches les plus importantes des professionnels est de générer par l'utilisation et le développement des relations d'attachement, des ressources émotionnelle-affectives inter-personnelles, de l'intérieur de la communauté, de la famille principalement, le cadre socio-affective de valoriser les ressources psychologique- émotionnelles du client et du group avec le final but d'autonomisation et réinsertion sociale, de récupération, bonheur, développement personnel etc.

TRAVAIL SOCIAL HUMANISTE :
La personnalité et les relations humaines
– ressources et valeurs principales de la pratique

PARTIE II

LA PERSONNALITÉ – RESSOURCE ET VALEUR CRUCIALES EN TRAVAIL SOCIAL HUMANISTE

TRAVAIL SOCIAL HUMANISTE :
La personnalité et les relations humaines
– ressources et valeurs principales de la pratique

TRAVAIL SOCIAL HUMANISTE :
La personnalité et les relations humaines
– ressources et valeurs principales de la pratique

RÉSUMÉ

Dans cette deuxième partie du livre, qui inclure trois chapitres, se fait référence, est abordée et présentée, principalement, **la personnalité** comme *ressource* et *valeur* cruciales en travail social humaniste.

Le paradigme humaniste de la personnalité, dont nous abordons dans cette œuvre, met en évidence, d'un côté, le contenu *ontologique* de la personnalité, donnant à la sphère ontologique-spirituelle le rôle étiologique et structurel primaire, et, de l'autre côté, met en évidence la dimension *existentielle* et adaptative de la personnalité, la liberté et la volonté de la personne, mettant l'accent, spécialement, sur le développement personnel et l'adaptation sociale par l'utilisation des ressources psycho-volitives, adaptatives et proactives de la personnalité et de la conscience.

Conformément à ces aspects, la représentation *humaniste* de la personnalité est imposée, d'après notre observation, par deux paradigmes principaux: *le paradigme humaniste-existentiel/positif* et le *paradigme humaniste-spirituel/ ontologique.* Le paradigme humaniste-ontologique promeut et théorise le concept de *personnalité humaine et spirituelle,* et le paradigme humaniste-positif promeut et théorise le concept de *forte personnalité.*

Nous utilisons, conventionnellement, le syntagme **"personnalité humaine/ spirituelle"**, à la fois, pour faire référence à un ensemble des formations de la personnalité, comme l'âme (affective, spirituelle, humaine), l'ego humain, la conscience humaine, le caractère humain - sources structurales onto-psychologiques et intellectuelles des qualités et conduites *humaines* et *spirituelles* de la personne, aussi bien que à l'orientation, qualité humaniste, la valence, dimension humaniste, *humaine/* spirituelle générale de la personnalité globale, l'ensemble des caractéristiques et ressources constantes, bio-psychologiques et socio-comportementales, spirituelles et humaines de l'individu, qui mettent en évidence, avec préférence, les aspects d'unité du comportement dans des situations et contextes socio-*humaines* et culturelles différentes, et de la domination/ consistance de certains caractéristiques et ressources humaines, spirituelles, trans-humaines de la personne/ personnalité globale.

TRAVAIL SOCIAL HUMANISTE :
La personnalité et les relations humaines
– ressources et valeurs principales de la pratique

La personnalité *humaine* comprend, principalement, quatre majeure onto-formations: l'âme *(humaine)*, l'ego *humain,* la conscience *humaine* et le caractère *humain.*

En ce qui concerne l'âme, c'est une entité/ instance/ formation psychologique-spirituelle objective très profond et complexe de l'être humain individuel - ce qu'on pourrait appeler *le lieu et/ou la source des sentiments, émotions sociales et spirituelles, en particulier humaines* de la personne.

Lié à la notion de personnalité humaine/ spirituelle est le concept de **développement *humain/ spirituel*.** En essence, un niveau élevé de développement humain et spirituel implique principalement un degré élevé d'humanisme, altruisme, empathie/ compathie, spiritualité, bonheur, gentillesse, bienveillance, tolérance, philanthropie etc.

En contrepartie, le concepts ***forte personnalité*** et ***développement personnel*** sont, fréquemment, associés ou identifiés avec un certain nombre d'autres concepts tels que *croissance et développement inter-personnel et psychologique-comportemental, adaptation, développement social/ professionnel, contrôle de soi, puissance de la volonté,* etc. Sont, alors, entraînées, spécialement, des formations et structures psychologique-personnelles comme *l'ego personnel, la conscience proactive, les aptitudes, compétences et habitudes comportementales.*

En essence, un niveau élevé de développement personnel implique un degré élevé de réalisme et l'équilibre, de développement inter-personnel, d'autonomie personnelle et sociale, une personnalité mature, adaptabilité, haut degré de conscience, de connaissance de soi, d'estime de soi, bien-être psychologique, émotionnel, intelligence émotionnelle, volonté puissante, résistance à échec et frustrations, attitudes positives, optimisme, pensée active/ positive – ressources et valeurs cruciales dans la pratique du travail social humaniste.

TRAVAIL SOCIAL HUMANISTE :
La personnalité et les relations humaines
– ressources et valeurs principales de la pratique

CHAPITRE 5

LA PERSONNALITÉ

5.1. LA PERSONNALITÉ – ASPECTS GÉNÉRAUX 80

5.2. LA PERSONNALITÉ - L'ORIENTATION HUMANISTE 81

5.3. LA PERSONNOLOGIE HUMANISTE 82

5.4. LA PERSONNOLOGIE HUMANISTE-SPIRITUELLE/ ONTOLOGIQUE 86

5.5. LA PERSONNOLOGIE HUMANISTE-EXISTENTIELLE/ POSITIVE 88

5.6. LE PARADIGME HUMANISTE-SPIRITUEL/ ONTOLOGIQUE

DE LA PERSONNALITÉ 89

5.7. LE PARADIGME HUMANISTE-EXISTENTIEL/ POSITIF DE LA PERSONNALITÉ 90

TRAVAIL SOCIAL HUMANISTE :
La personnalité et les relations humaines
– ressources et valeurs principales de la pratique

Le cadre théorique pour approcher le thème de la personnalité dans ce chapitre, et dans ce livre, c'est cela de la **Personnologie**.

L'accent est mis sur la **Personnologie** *humaniste*, par les deux définissant orientations - la *personnologie humaniste-**ontologique*** et la *personnologie humaniste-**positive**,* existentielle, associées aux concepts de *personnalité* _humaine_/ *spirituelle* et *forte personnalité* - mais par référence à la *Personnologie structuro-fonctionnaliste*, associée aux concepts de personnalité fonctionnelle et personnalité élémentaire, où la personne est, nomologiquement, représentée comme un simple individu, comme un simple élément dans la machinerie sociale, subordonné aux structures et processus de groupe, communauté, société, etc., plaçant dans le deuxième plan sa subjectivité, l'ego, l'âme, sa ontologie psycho-logique particulière comme existence, comme étant, comme unicité (humaines), comme destin.

La personnologie humaniste, donc, apporte la subjectivité, l'ego, l'âme de personne, sa ontologie psychologique particulière comme existence, comme étant, comme unicité humaines dans le premier plan, articulant un modèle de personne/ personnalité de type existentiel, humaniste et spirituel, développant une perspective multi-disciplinaire, inter-disci-plinaire sur le phénomène humain individuel, sur l'être humain personnel, sur l'être humain comme individu, individualité, comme PERSONNALITÉ, comme PERSONNE, comme personne avec une âme, avec un ego, libre arbitre, responsabilité.

5.1. LA PERSONNALITÉ – ASPECTS GÉNÉRAUX

Dans le langage commun, ou en différentes sciences sociales et hu-maines, spécialement en psychologie et pédagogie, le terme/ concept de *personnalité* est utilisé principalement pour désigner *l'ensemble des*

TRAVAIL SOCIAL HUMANISTE :
La personnalité et les relations humaines
– ressources et valeurs principales de la pratique

caractéristiques   constantes,   bio-psychologiques   et   socio-comporte-mentales, de l'individu.

Le concept met en évidence, avec préférence, les aspects d'unité du comportement dans des situations et contextes différentes, et de domination/ consistance de certains caractéristiques, spécialement de la sphère du tempérament et du caractère (Maslow, 2011; Ashcraft, 2014; Cottraux, 2003, p 232).

En fonction du point de vue abordé, ou d'autres critères, en psychologie ont été mis en évidence quelques grands paradigmes et théories de la personnalité, parmi lesquels nous notons:

- **Le paradigme humaniste** (existentialiste, gestaltiste, expérientiel, spiritualiste, transpersonnel) (C. Rogers, G. Allport, R. May, A. Maslow, V. Frankl, H. Murray, etc.);

- **Le paradigme structuraliste, fonctionnaliste et comportementaliste** (R. Cattell, H. Eysenck, K. Leonhard, A. Liciko, W. Sheldon, E. Kretschmer, W. James, B. Skinner-F, E. Thorndike, J. Dollard, N. Miller, etc.);

- **La théorie psycho-dynamique et analytique** (S. Freud, C.G. Jung, A. Adler, J. Lacan etc.);

- **La théorie cognitive et sociale-cognitive** (E. Kelly, J. Atkinson, A. Bandura, W. Mischel etc.).

5.2. LA PERSONNALITÉ - L'ORIENTATION HUMANISTE

Le paradigme humaniste de la personnalité, théorisé et promu donc notamment par C. Rogers, G. Allport, R. May, A. Maslow, V. Frankl et autres, met en évidence, d'un côté, le contenu ontologique de la personnalité, donnent à la sphère ontologique-spirituelle le rôle étiologique primaire, structurel (Frankl, 2012; Rogers, 1980), et, de l'autre côté, met en évidence, la dimension existentielle et adaptative de la personnalité, le bonheur, la liberté et la volonté de la personne,

TRAVAIL SOCIAL HUMANISTE :
La personnalité et les relations humaines
– ressources et valeurs principales de la pratique

mettant l'accent, spécialement, sur le développement humain, spirituel et personnel, et l'adaptation sociale par l'utilisation des ressources psycho-spirituelles et psycho-volitives adaptatives de la personnalité (Allport, 1961).

Conformément à ces aspects la représentation humaniste de la personnalité est imposée, âpres notre observation, par deux principaux paradigmes:

> ➢ le paradigme humaniste-ontologique/ spirituel, et

> ➢ le paradigme humaniste-existentiel/ positif.

Les deux paradigmes représentant l'objet principal d'étude de **la personnologie humaniste**, avec les deux branches:

> ➢ la personnologie humaniste-ontologique/ spirituelle, et

> ➢ la personnologie humaniste-existentielle/ positive.

5.3. LA PERSONNOLOGIE HUMANISTE

LA PERSONNOLOGIE

La Personnologie, comme terme, est utilisée, principalement, en deux signifiant buts, objectifs théorique-épistémologiques.

L'un c'est de *physiognomonie*, qui met en évidence l'idée que la connaissance, la recherche de l'aspect extérieur, en particulier la face, représente le moyen, le méthode principale pour interpréter le caractère, la personnalité, le conduite d'une personne. Ceci est une discipline qui a comme fondateurs, promoteurs et auteurs noms comme Johann Kaspar, Lavater Edward Jones, Naomi Tickle or Yoshito Mizuno.

L'autre sens et utilisation, qui nous adoptons dans ce livre, dans notre projet «personnologique» (Le Projet *Personnologie Humaniste)*, est, simplement, de *recherche, science de la personne, de la personnalité.*

TRAVAIL SOCIAL HUMANISTE :
La personnalité et les relations humaines
– ressources et valeurs principales de la pratique

Donc, dans ce dernier sens, la personnologie peut être représentée, implicitement ou explicitement, directement ou indirectement, par ses fondateurs, théoriciens et praticiens, respectivement William Stern, Henry Murray, William James, Mary Whiton Calkins, Abraham Maslow, Gordon Allport, Carl Rogers et d'autres, comme la science, la discipline, le domaine théorique et pratique que étudie la personnalité et la personne reflétées d'une manière complexe et holistique, incorporant, conséquentement, des connaissances, des idées, des théories spécialement de la psychologie, mais aussi de la sociologie, la philosophie, l'anthropologie et d'autres sciences et domaines, développant, par conséquent, une perspective multi-disciplinaire et inter-disciplinaire sur le phénomène humain individuel, sur l'être humain personnel, sur l'être humain comme individu, individualité, personnalité, comme personne.

Donc, ce qui différencie et caractérise, entre autres choses, la personnologie par rapport à la psychologie c'est la concentration sur la personne comme un ensemble, sur la personnalité comme un système complexe, multi-dimensionnelle et émergente (Murray, 2007; Andrieux, 1973); aussi, ce qui différencie et caractérise la personnologie par rapport à la psychologie c'est la représentation de la personne comme ego, comme individu, individualité et personnalité (Kirsley, 2010).

Dans le présent livre, nous mettons l'accent sur l'orientation humaniste de la personnologie, parlant, donc, d'un personnologie *humaniste*, et, en conséquence, sur la représentation humaniste de la personnalité, avec un grand intérêt sur *le paradigme humaniste-ontologique ;* mais la représentation spécifique humaniste-ontologique de la personnalité est réalisée par l'opposition au paradigme structuro-fonctionnaliste de la personne et de la personnalité.

Dans **le paradigme structuro-fonctionnaliste** la personne est, nomologiquement, représentée comme un simple individu, comme un simple élément dans la «machinerie» sociale, subordonné aux structures et processus de groupe, communauté, société etc., plaçant dans le deuxième plan son subjectivité, l'ego, l'âme, sa ontologie particulière comme existence, comme étant, comme unicité humaine, comme destin unique, contrairement au paradigme humaniste que apportent-les dans

TRAVAIL SOCIAL HUMANISTE :
La personnalité et les relations humaines
– ressources et valeurs principales de la pratique

le premier plan, articulant un modèle de personne/ personnalité de type existentiel, humaniste et spirituel.

Dans le paradigme structuro-fonctionnaliste le comportement spécifique du professionnel, en travail social, impose une voir/ perspective partant de la société établie sur la personne/ le client (Harkness, 2002), qui est, intrinsèquement, méthodologiquement, réduit à la catégorie d'élément, individu sans personnalité, sans ego, sans âme.

LA PERSONNOLOGIE HUMANISTE

La personnologie humaniste pourraient être représentée comme le domaine théorique-épistémologique qui étude la personnalité et la personne reflétées d'une manière complexe et idiothétique, incorporant connaissances, idées, théories de la sphère humaniste-existentielle-spirituelle de la pensée/ philosophie et culture, incorporant co-nnaissances, idées, théories de la psychologie humaniste, de la sociologie humaniste, et d'autres disciplines, sciences, domaines, et pratiques d'orientation humaniste, existentialiste et spiritualiste, développant, par conséquent, une perspective multi-disciplinaire, inter-disciplinaire et profonde *humaine et spirituelle* sur le phénomène humain individuel, sur l'être humain personnel, sur l'être humain comme individualité, comme personnalité, comme personne, comme ego, conscience et âme.

La personnologie humaniste, comme science humaniste de la personne concrète, peut étudie la personne, et implicitement la personnalité hu-maine, à partir des points de vue suivants:

- ➤ ontogénétique - facteurs et façon de formation,

- ➤ structurelle – structure, organisation interne et composition, et

- ➤ fonctionnelle – fonctionnement, dynamique, interaction, etc.

Avec des moyens, des méthodes de:

- ➤ la psychologie humaniste,

TRAVAIL SOCIAL HUMANISTE :
La personnalité et les relations humaines
– ressources et valeurs principales de la pratique

> ➢ la sociologie humaniste,

> ➢ la philosophie existentialiste,

> ➢ la philosophie spiritualiste,

> ➢ l'anthropologie culturelle, etc. (Maddi et Costa, 1972).

À notre avis, dans la personnologie humaniste **la théorie des systèmes complexes et émergents** expliquent, de la manière la plus appropriée, la façon dont est formée, structurée ou fonctionne la personne/ personnalité (Stefaroi, 2015).

En perspective/ lumière de la théorie des systèmes complexes et émergents la personne/ personnalité est, d'une part, socialement, un élément variable et dynamique dans un système (social), et, d'autre part, ontologiquement, biologiquement et psychologiquement, est lui-même un système dynamique et émergente, avec des attributs dominants de variabilité, particularité et unicité (Bickhard, 2012).

L'idée centrale de la théorie des systèmes complexes et émergents dans la personnologie humaniste, c'est que la personne/ personnalité (en particulier la conscience, l'âme et l'ego) est un produit ontogénétique complexe (existentiel) et pas une donnée (ancestrale).

Les processus de formation ontogénétique de la personne/ personnalité combinent, synthétisent, par émergence, d'une manière irépétable, unique, les trois grands, fondamentales facteurs:

> ➢ l'organisme,

> ➢ l'intellect/ l'esprit, et

> ➢ l'environnement socio-humain.

Les processus sont d'une complexité infinie, dépassant le contingent, impliquant le passé et l'avenir, dépassant les limites spatiales et temporelles, travaillant simultanément dans le même «espace» et temps,

TRAVAIL SOCIAL HUMANISTE :
La personnalité et les relations humaines
– ressources et valeurs principales de la pratique

ayants évolutions imprévisibles, résultant, au hasard, quelques-uns à partir de l'autre.

Dans l'esprit de la théorie des systèmes émergents et complexes, en ce qui concerne la formation, l'êtreté et le fonctionnement de la personne/ personnalité, de l'être humain individuel, nous parlons de **caractéristiques, propriétés, processus, principes** tels que *ontoformatisation* et *persomisation, promergence* et *dismergence, émergence* et *imergence, transmergence* et *telegence, conmergence* et *sinmergence*, et de **stades** ontogénétiques d'évolution, de développement, constitution des formations, entités ontologiques-psychologiques personnelles tel que *de contact, d'acquisition/ accumulation, de structuration/ centralisation, de constitution/ holistisation, d'établissement,* et *d'ontification/ accomplissement.*

Comment il a également été mentionné, rapporté à la perspective d'approcher et à la sphère de la personnalité qu'elle étudie avec prédilection on peut parler de *personnologie humaniste-ontologique/ spirituelle,* et *personnologie humaniste- existentielle/positive.*

5.4. LA PERSONNOLOGIE HUMANISTE-SPIRITUELLE/ ONTOLOGIQUE

La personnologie humaniste-ontologique/ spirituelle étude la personnalité et la personne mettant l'accent sur des concepts, paradigmes et questions telles que:

- personnalité *humaine* (altruiste) ;

- personnalité spirituelle ;

- développement *humain* ;

- développement spirituel ;

- spiritualité, vertu;

- âme *humaine*, ego *humain* ;

TRAVAIL SOCIAL HUMANISTE :
La personnalité et les relations humaines
– ressources et valeurs principales de la pratique

- humanisme, altruisme, empathie/ compathie, amour;

- ontologie ;

- ontogenèse ;

- constructivisme :

- méthodes qualitatives ;

- être en-soi/ existence en-soi ;

- émergence, imergence, transmergence, telegence, conmergence, sinmergence ;

- la théorie des systèmes émergents (Bickhard, 2012) ;

- la théorie des systèmes complexes, la théorie du chaos, etc.

La personnologie humaniste-ontologique, contrairement à la personnologie structuraliste, que, en grande mesure, est concernée sur l'utilisation des méthodes de la psychologie expérimentale et la recherche scientifique, utilise, spécialement, les méthodes qualitatives, interprétatives, et l'introspection psychologique.

Le concept central de la personnologie humaniste-ontologique c'est *la personnalité humaine* (altruiste, spirituelle), qui, à notre avis, est un ensemble des formations de la personnalité globale, comme l'âme (affective, spirituelle, humaine), l'ego *humain*, la conscience *humaine*, le caractère *humaine*, et d'autres - sources structurales onto-psychologiques et intellectuelles des qualités et conduites *humaines* et spirituelles de la personne.

La sphère psychologique-ontologique principale de la personnalité *humaine* comprend l'âme *humaine* et l'ego *humain*. L'âme *humaine* étant un entité/ instance/ formation spirituelle-objective profonde et complexe de l'être humain individuel, la source des sentiments, d'émotions sociales et spirituelles, en particulier *humaines*, tandis que l'ego *humain* est, à côté de l'âme spirituelle et de l'âme *humaine*, l'un des plus

TRAVAIL SOCIAL HUMANISTE :
La personnalité et les relations humaines
– ressources et valeurs principales de la pratique

importants réservoirs et trésors motivationnel-psychologiques d'énergie spirituelle et *humaine* de la personnalité d'un individu (professionnel ou client).

Étroitement liée aux concepts de personnologie humaniste-ontologique et personnalité *humaine* est le concept de *développement humain*.

5.5. LA PERSONNOLOGIE HUMANISTE-EXISTENTIELLE/ POSITIVE

La personnologie humaniste-positive/existentielle étude la personnalité et la personne mettant l'accent sur des concepts, paradigmes et questions telles que :

- forte personnalité ;

- développement personnel ;

- niveau élevé d'auto-contrôle ;

- espoir et optimisme (E. Cottraux, 2012 ;

- présence attentive, pleine conscience ;

- résilience, force de caractère, auto-détermination ;

- efficacité, persévérance ;

- intelligence émotionnelle, émotions positives et gratitude ;

- sens à la vie et engagement vers un but ;

- existence pour soi ;

- expériences optimales ;

- succès, performance, réalisation professionnelle etc.

TRAVAIL SOCIAL HUMANISTE :
La personnalité et les relations humaines
– ressources et valeurs principales de la pratique

Le concept central de la personnologie humaniste-positive est *la forte personnalité,* qui, à notre avis, est un ensemble des formations de la personnalité/ personne, comme l'ego, la conscience, les aptitudes, les compétences et les habitudes (socio-)comportementales - sources constitutionnelle-structurales psychologiques et intellectuelles des qualités et comportements d'adaptation de la personne.

Étroitement liée aux concepts de personnologie humaniste-positive et forte personnalité est le concept de *développement personnel.*

5.6. LE PARADIGME HUMANISTE-SPIRITUEL/ ONTOLOGIQUE DE LA PERSONNALITÉ

Le paradigme humaniste-ontologique met en évidence spécialement le contenu psychologique-ontologique, *humain* et spirituel de la personnalité. Cette perspective, humaniste-ontologique, sur la personnalité, donne, comme il est naturel, donc, à la sphère ontologique-spirituelle, le rôle étiologique primaire, structurel, constitutionnel (Frankl, 2012).

Après Rogers (1980), le concept clé et structurel de la théorie humaniste-ontologique de la personnalité est *le soi.* Il dit que le soi est une partie importante de l'expérience humaine, et un des buts principaux de la formation et le développement de la personnalité de chaque personne est de devenir vraiment *lui-même* (Ego).

Le modèle théorique de la personnalité qui nous utilisons dans le présent livre, élaboré par nous, respectivement *humaniste-onto-personnologique,* donne à l'âme un rôle crucial, considérant, donc, l'âme la (onto-)formation centrale de la personnalité *humaine* (altruiste, prosociale) - la ressource spirituelle la plus importante de réadaptation du client, et de la conduite et l'activité du praticien dans la pratique du travail social humaniste.

TRAVAIL SOCIAL HUMANISTE :
La personnalité et les relations humaines
– ressources et valeurs principales de la pratique

5.7. LE PARADIGME HUMANISTE-EXISTENTIEL/ POSITIF DE LA PERSONNALITÉ

Le paradigme humaniste-existentiel/positif de la personnalité se concentre, spécialement, sur le développement psychologique-personnel et l'adaptation sociale par l'utilisation des ressources psycho-volitives et adaptatives, mettant en évidence, donc, la dimension psychologique-existentielle et socio-adaptative, l'autodétermination, le pouvoir de la conscience, la liberté et la volonté de la personne (Allport, 1961).

Ce paradigme humaniste privilégie traits de personnalité et qualités comme l'optimisme, l'énergie, le libre arbitre, la liberté, l'autonomie, la auto-détermination, la réalisation de soi, l'espoir, l'activité, la conscience active, la responsabilité, le développement personnel, l'adaptabilité sociale, l'assertivité, la résilience etc. (Seligman et Csikszentmihalyi, 2000).

TRAVAIL SOCIAL HUMANISTE :
La personnalité et les relations humaines
– ressources et valeurs principales de la pratique

CHAPITRE 6
LA PERSONNALITÉ *HUMAINE* ET
LE DÉVELOPPEMENT *HUMAIN*

TRAVAIL SOCIAL HUMANISTE :
La personnalité et les relations humaines
– ressources et valeurs principales de la pratique

La personnalité humaine inclure et implique principalement formations onto-psychologiques comme l'âme (humaine et spirituelle), l'ego *humain, la conscience humaine* et le caractère *humain.*

L'introjection (affective et cognitive) des valeurs des autres enrichit le propre soi, la propre personnalité (du professionnel et du client), représentant une ressource importante de l'activité dans la pratique du travail social humaniste.

Seulement par la formation et l'établissement de l'âme, de l'ego *humain,* du caractère *humain* est soulignée et mis en évidence la valence humaniste de la personnalité globale et se manifeste, par traits de **développement humain** tels que l'altruisme, l'empathie, le bonheur, la bienveillance, la patience, la charité, la philanthropie, comme une structure expressément orientée vers la jouissance de l'autre généralisée, qui, par l'intermédiaire du système de compétences, capacités et habitudes prosociales/ humaines, est reflétée dans la conduite et la présence de la personne comme une ressource de jouissance pour le bien-être et l'épanouissement socio-humaine de l'autre, pour la récupération, la réhabilitation ou l'atténuation de la souffrance du client, dans l'activité d'intervention, d'assistance.

6.1. LA PERSONNALITÉ *HUMAINE* - ASPECTS GÉNÉRAUX

Nous utilisons, conventionnellement, le syntagme « **personnalité humaine** », à la fois, pour faire référence à

> ➢ un ensemble des formations de la personnalité globale, comme l'âme (affective, spirituelle, *humaine*), l'ego *humain*, la conscience *humaine*, le caractère *humain*, et d'autres - sources structurales onto-psychologiques, spirituelle et intellectuelles des qualités et conduites *humaines* et spirituelles de la personne,

TRAVAIL SOCIAL HUMANISTE :
La personnalité et les relations humaines
– ressources et valeurs principales de la pratique

ainsi qu'à

> l'orientation, la qualité humaniste, la valence, la dimension *humaine* générale de la personnalité globale, l'ensemble des caractéristiques et ressources constantes, bio-psychologiques et socio-comportementales, spirituelles et *humaines* de l'individu, qui mettent en évidence, avec préférence, les aspects d'unité du comportement dans des situations et contextes socio-humaines différentes, et de domination/ consistance de certains caractéristiques et ressources *humaines*, spirituelles, trans-humaines etc.

Aspect qui affirme, impose comme traits cardinaux de personnalité la bonté, la bienveillance, l'altruisme, la personnalité ouverte à la jouissance générale de l'humanité, sensibilité accrue à la souffrance/ tragédie de l'autre - lui-même, mais aussi ressource émergente de l'autonomisation, du bien-être et bonheur pour les gens de l'ambiance.

Les deux définitions étant principales fondations et explications des qualités humaines et spirituelles du professionnel, de son comportement prosocial, humain, altruiste dans la pratique du travail social humaniste, et très importantes ressources du client pour la réhabilitation et l'intégration socio-humaine.

Par conséquent, le sens complexe et complète de la notion personnalité *humaine* comprend les deux approches, causant valences supérieures (qualités/ ressources) de la personne/ personnalité/ conduite, tels que humanité, spiritualité, vertu, bonheur authentique, altruisme etc.

À notre avis, la personnalité *humaine*, en tant que sphère, comprend au moins les sous-domaines suivants, ou peut être abordée sous les angles suivants:

> La sphère/ perspective psychologique-ontologique;

> La sphère/ perspective motivationnelle;

> La sphère/ perspective prosociale, axiologique-morale;

> La sphère, perspective praxéologique.

La sphère psychologique-ontologique de la personnalité *humaine* comprend, principalement, trois majeure onto-formations:

TRAVAIL SOCIAL HUMANISTE :
La personnalité et les relations humaines
– ressources et valeurs principales de la pratique

- l'âme *(humaine)* ;

- l'ego *humain* ;

- le caractère humain.

6.2. L'ÂME

À notre avis, l'âme est moins quelque chose métaphysique, bien que, probablement, à aussi de telles dimensions ou interférences, mais une entité/ instance/ formation spirituelle-objective très profonde et complexe de l'être humain individuel, à côté du corps, de l'ego, de la conscience, du caractère ou de l'intellect, représentant, dans ce contexte, ce qu'on pourrait appeler *le lieu ou la source des sentiments, émotions sociales et spirituelles, en particulier humaines.*

En fonction de leur nature, localisation ou source on peut parler de sous-sphères comme *l'âme affective (sociale), l'âme spirituelle, l'âme humaine*, etc.

Chacun des sphères de l'âme ayant des fonctions/ rôles spécifiques :

- l'âme affective (sociale/ interpersonnelle) déterminant l'attachement, la sensibilité sociale et l'empathie interpersonale/ contingente,

- l'âme spirituelle déterminant la richesse spirituelle et la vertu, et

- l'âme *humaine* déterminant l'empathie/ compathie et l'humanité, la capacité d'adaptation et d'intégration de la personne dans les environnements socio-**humaines** differentes.

Ainsi, par les valences prosociales imprimées à la personnalité et le comportement, l'âme *humaine* devient un facteur crucial pour l'adaptation et l'intégration **humaine** de la personne dans les groupes sociaux, les communautés, les environnements, autres que ceux basée principalement sur l'attachement élémentaire ou sur relations institutionnelles.

À cet égard, les problèmes d'adaptation, de communication ou d'intégration des personnes en difficulté dans des groupes sociaux

TRAVAIL SOCIAL HUMANISTE :
La personnalité et les relations humaines
– ressources et valeurs principales de la pratique

alternatifs peuvent également être interprétée comme un résultat des sous-développement, des troubles, des blessures ou des faiblesses de l'âme *humaine*.

Dans la pratique du travail social humaniste est plus qu'évident la nécessité de prioriser le développement de cette sphère de la personnalité du professionnel, mais aussi du client.

Qualités et conduites *humaines* clés dans l'activité des professionnels, d'évaluation et d'intervention, avec les bénéficiaires, telles que l'empathie/ compathie, l'agréabilité, la tolérance, et plus, sont générée, en grande partie, par l'existence et la manifestation de l'âme *humaine* (Stefaroi, 2014).

Tout, bien entendu, sur le fond et dans le contexte de l'évolution psychologique-spirituelle globale, du développement personnel/ humain/ psychosocial global.

6.3. L'EGO/ LE SOI *HUMAIN*

L'ego *humain* est, à côté de l'âme spirituelle et l'âme *humaine*, l'un des plus importants réservoirs et trésors de spiritualité et humanisme de la personnalité globale et de la conduite (du professionnel ou du client).

La formation et l'établissement de l'ego *humain* contribue, conduit, finalement, aussi à:

- l'établissement du système de croyances personnelles et convictions personnelles *humaines* assumées, des conduites morales, *humaines*, de la nécessité pour la connaissance du «phénomène humaine»;

- contribue, conduit à la formation et à l'établissement des sentiments moraux/ humains/ prosocials;

- détermine l'apparence de la nécessité d'harmonie sociale, solidarité humaine, serviabilité.

Dans l'économie et la structure interne de la personnalité l'ego *humain* répond aux deux principales fonctions - *ontologiques* et *instrumentales* (Stefaroi, 2015).

TRAVAIL SOCIAL HUMANISTE :
La personnalité et les relations humaines
– ressources et valeurs principales de la pratique

L'introjection psychologique-personnelle des valeurs des autres enrichit le propre soi, le propre personnalité (du professionnel et du client) (Stets et Carter, 2011), et représentent une ressource importante de l'activité dans la pratique du travail social humaniste.

Essentiellement, le contenu ontologique-noétique, psychologique, de l'ego *humain* est soutenu par auto-affirmations, auto-évaluations, modèles/ patterns perceptive-attitudinales comme:

- Je suis homme;

- J'appartiens à l'humanité;

- Le bien commun est également mon bon;

- Je suis un bon homme;

- Je suis désintéressé, généreux;

- Je suis perçu comme un citoyen altruiste;

- J'ai traits dominants et conduites telles que la tolérance, la compassion, l'humanité;

- Je suis heureux par le bonheur des autres;

- Je veux aider, être utile etc.

L'ego *humain* est en près lien, interdépendance, et même juxtaposition avec l'ego social. Dans une interprétation simple l'ego social représente la projection de l'image et la jouissance de l'autre social dans la cognition et la jouissance du sujet (Erikson, 1998). Il peut être aussi représenté comme une synthèse des formations et structures ontologique-subjectives et psychologique-intellectuelles constitutionnellement orientée à l'environnement social, à la communauté, à la société, aux valeurs, où il ya beaucoup des ressources et des moyens par lesquels le sujet peut-il remplir à la fois psychologiquement mais surtout dans le plan social. L'ego social a un grand lien avec le rôle-statuts et les compétences sociales de la personne.

TRAVAIL SOCIAL HUMANISTE :
La personnalité et les relations humaines
– ressources et valeurs principales de la pratique

6.4. LE CARACTÈRE *HUMAIN*

L'âme, en tant que ressort et source constitutionnelle des qualités spirituelles et humaines de la personne, ne peut pas s'exprimer dans la conduite que par l'intermédiaire d'une certaine structure et sphère holistique et relationnelle de la personnalité et du comportement comme le caractère, en particulier le caractère *humain*.

Le caractère *humain* (moral, prosocial) est une structure de personnalité holistique par lequel sont formées et cristallisées les caractéristiques personnels liées du bien et la jouissance commune, à toutes les personnes, où ces caractéristiques personnelles sont exprimées comme qualités personnelles constantes de conduite (Miller, 2013; Gill, 2000).

En ce qui concerne le rôle du caractère *humain* sa formation et établissement comme formation structurelle de la personnalité déterminera, avec la contribution de la conscience *humaine*, la métamorphose des ressources psychologique-ontologique *humaines* et spirituelles de la personne en attitudes et comportements humanistes, prosociales, altruistes (Batson, 2011).

Seulement par la formation et l'établissement du caractère *humain* est souligné et mis en évidence la valence humaniste de la personnalité globale et de la conduite, est défini et se manifeste la personnalité *humaine* comme une structure expressément orientée vers la jouissance de l'autre généralisé (Stefaroi, 2015), personnalité *humaine* qui, par l'entremise du système de compétences, capacités et habitudes prosociales/ humaines, est reflétée dans la conduite et la présence de la personne comme une ressource de jouissance pour le bien-être et l'épanouissement socio-*humaine* de l'autre, pour la récupération, la réhabilitation ou l'atténuation de la souffrance du client - dans le cas de l'activité du professionnel en travail social humaniste.

6.5. LE DÉVELOPPEMENT *HUMAIN*

Lié à la notion de personnalité *humaine* est le concept de **développement humain,** qui faits saillants traits de la personnalité tels que:

- altruisme;
- empathie/ compathie;

TRAVAIL SOCIAL HUMANISTE :
La personnalité et les relations humaines
– ressources et valeurs principales de la pratique

- attachement, amour;
- spiritualité;
- bonheur, gentillesse;
- émotions sociales;
- bienveillance, abstention;
- douceur, bonté;
- grâce, hospitalité;
- patience;
- sympathie;
- tendresse, tolérance, compréhension;
- amabilité, bienfaisance, charité;
- clémence;
- prise en compte;
- délicatesse. serviabilité, indulgence;
- philanthropie, etc.

En essence, un niveau élevé de développement *humain* implique un degré élevé d'humanisme (Arnet, 2011), altruisme, empathie/ compathie, spiritualité, bonheur, gentillesse, tolérance, bienveillance, philanthropie etc. (Batson, 2011; Stefaroi, 2015) – qualités très importantes pour les professionnels dans la pratique du travail social humaniste.

TRAVAIL SOCIAL HUMANISTE :
La personnalité et les relations humaines
– ressources et valeurs principales de la pratique

CHAPITRE 7

LA FORTE PERSONNALITÉ
ET LE DÉVELOPPEMENT PERSONNEL

TRAVAIL SOCIAL HUMANISTE :
La personnalité et les relations humaines
– ressources et valeurs principales de la pratique

La forte personnalité implique principalement formations psychologique-personnelles comme *l'ego (personnel, subjective), la conscience (active, proactive), les aptitudes, les compétences* et *les habitudes comportementales*, étant déterminants pour le développement psychologique-personnel de l'individu.

L'ego personnel représente, essentiellement, la synthèse psychologique-ontologique de l'image et la jouissance du soi, du sujet. La synthèse engageant aussi l'autre social, projeté dans la cognition et la jouissance du sujet, étant, finalement, le produit d'un rapport, confrontation, transaction existentiel. Cette formation, construction centrale peut être considérée, en ce contexte, le noyau dur, rugueux de la structure et de l'ontologie de la personnalité. Sa faiblesse, affectation ou destruction affecte tout la construction de la personnalité, sa intégrité et fonctionnalité, et, en conséquence, l'adaptation social du personne.

Les aptitudes, les compétences et les habitudes comportementales sont, presque tous, produits de l'inculturation, l'éducation, la modélisation par des exemples/ modèles ou des pratiques de type social proactives. Nous parlons de compétences et des sensibilités de type social interpersonnelles profondes, de compétences de communication formée, établi non seulement par le langage verbal-logique mais aussi par le langage corporel et gestuel etc., et aussi de compétences intellectuelles, émotionnelles, volitionnelles pour maintenir le comportement proactive de la personne.

Le développement (psychologique-)personnel est plutôt identique avec le développement inter-personnel et psychologique-comportemental, la

TRAVAIL SOCIAL HUMANISTE :
La personnalité et les relations humaines
– ressources et valeurs principales de la pratique

croissance, l'adaptation, le développement social, le contrôle de soi, la puissance de la volonté, avec un niveau élevé de développement de l'ego/soi, de la conscience, avec un niveau élevé de développement des aptitudes, compétences et habitudes socio-comportementales et professionnelles.

7.1. LA FORTE PERSONNALITÉ - ASPECTS GÉNÉRAUX

Dans la littérature psychologique, scientifique et professionnelle, le concept *forte personnalité* est, fréquemment, associé ou identifié avec un certain nombre d'autres concepts tels que *développement personnel, développement inter-personnel, croissance, développement psychologique-comportemental*, (Allen et Blinc, 2015), *adaptation, développement social* (Erikson, 1998), *haute contrôle de soi, puissance de la volonté* etc.

Sont, alors, entraînées, spécialement, des formations, instances, processus et structures psychologiques-personnelles comme *l'ego/ le soi, la volonté, les habiletés de communication, la conscience, l'intelligence/ l'intellect, les aptitudes, compétences et habitudes instrumentales et socio-comportementales* etc.

Une personne avec une « forte » personnalité, sera, en conséquence, caractérisée par des traits de personnalité tels que:

- Haut degré de développement personnel;

- Haut degré de développement inter-personnel (Erikson);

- Haut degré de développement social;

- Volonté puissante;

- Résistance à échec et frustrations;

- Orientation vers l'avenir;

- Optimisme, la pensée active (Seligman);

- Professionnalisme;

TRAVAIL SOCIAL HUMANISTE :
La personnalité et les relations humaines
– ressources et valeurs principales de la pratique

- Autonomie personnelle/ sociale (Erikson);

- Maturité, adaptabilité;

- Connaissance de soi, estime de soi (Rogers);

- Bonheur, hédonisme (Seligman);

- Haut degré de contrôle des émotions, intelligence émotionnelle;

- Réalisme et équilibre (Erikson).

Dans le travail social humaniste ces qualités, fortes, de la personnalité du professionnel sont très importantes moyens/ ressources psycho-logiques d'intervention, d'assistence dans l'activité spécifique avec le client, pour sa réhabilitation et intégration sociale, pour la formation et le développent de son forte personnalité, de son fort égo personnel, de son conscience proactive, de ses aptitudes, compétences et habitudes instrumentales et socio-comportementales, pour l'augmentation de la résilience et/ou de la capacité personnelle de réhabilitation/ réinsertion.

7.2. L'EGO (PERSONNEL)/ LE MOI

Dans une interprétation simple l'ego personnel (le moi) est la synthèse psychologique-ontologique de l'image et de la jouissance du soi. La synthèse engageant aussi l'autre social, projeté dans la cognition et la jouissance du sujet, étant, finalement, le produit d'un rapport, d'une confrontation, transaction existentielle.

Donc, l'ego personnel peut être représenté comme une synthèse des formations et structures ontologique-subjectives et psychologique-intellectuelles constitutionnellement orienté vers le bien, la continuité, et l'affirmation du sujet, du *moi*, de la personne, mais ces intérêts et objectifs s'imposent, existentiellement, seulement par référence à l'envi-ronnement social, à la communauté, à la société, aux valeurs, où sont beaucoup de ressources et des moyens par lesquels le sujet peut-il

TRAVAIL SOCIAL HUMANISTE :
La personnalité et les relations humaines
– ressources et valeurs principales de la pratique

remplir à la fois psychologiquement mais surtout dans le plan social, organisationnel, professionnel etc.

Cette formation, construction ontogénétique (existentielle) centrale peut être considéré, en ce contexte, le noyau dur, rugueux de la structure et de l'ontologie de la personnalité. Sa faiblesse, affectation, ou destruction affecte tout la construction de la personnalité, sa intégrité et fonctionnalité, et, en conséquence, le bonheur et l'adaptation sociale de la personne.

7.3. LA CONSCIENCE (DE SOI) (PROACTIVE)

La conscience, en général, assure le saut de l'animal à l'homme, et représente la réflexion épistémologique, dans les structures mentales et l'ontogenèse intellectuelle de la personne, des caractéristiques environnementales symboliques, culturelles et sociales d'où cela coexiste.

En plus de la fonction de réflexion la conscience rencontre aussi des rôles **proactifs** axiologiques, praxéologique-volitionnels et de stratégie/ adaptation - ressources et facteurs critiques de résilience et d'adaptation de la personne/ du client (en travail social humaniste).

Dans une interprétation simple, mais très suggestive, **la conscience de soi**, est un univers psychologique-relationnel, intellectuel-axiologique, une instance psychologique, intellectuelle et axiologique supérieure, une construction psychologique-personnelle holistique-structurelle individuelle et unique, idioteque, centrée sur le soi, où sont débattues et construits:

- les systèmes des valeurs de l'individu;

- les conceptions vers le lui-même, le monde, les gens, le travail, la société etc.

- le lieu des idées et des croyances fondamentales individualistiques de la personne (Habermas et Lenhardt, 2001).

TRAVAIL SOCIAL HUMANISTE :
La personnalité et les relations humaines
– ressources et valeurs principales de la pratique

7.4. LES APTITUDES, LES COMPÉTENCES ET LES HABITUDES COMPORTEMENTALES

Ces sont, presque tous, produits de l'inculturation, de l'éducation, de la modélisation sociale, assimilées par conscientisation et exercice (expérience personnelle), par des exemples/ modèles de pratique ou comportement, avec le but principal d'adaptation personnelle aux caractéristiques particulières du milieu de vie concrète de la personne (Martin, 2010).

Bien sûr, la cohérence et la consistance de ces compétences, aptitudes, capacités est plus élevée si l'exercice de ces pratiques et comportements, vient juste de la petite enfance.

Dans le domaine de la pratique du travail social humaniste nous parlons aussi de compétences et des sensibilités de type social ou empathique/ compathique, de compétences interpersonnelles profondes, de compétences de communication formée, établi non seulement par le langage verbal-logique mais aussi par le langage corporel et gestuel, etc., et aussi de compétences intellectuelles, émotionnelles, volitionnelles de maintenir le comportement prosocial de la personne.

7.5. LE DÉVELOPPEMENT PERSONNEL

Le terme *développement personnel* est étroitement lié du terme *forte personnalité* et *personnalité mature*. Les traits de développement personnel d'individu sont catégories cruciales de l'orientation humaniste-positive/ existentielle des sciences et des pratiques sociales et humaines, incluant le travail social humaniste, et impliquent, faits saillants, les suivants:

- Autonomie sociale;

- Développement interpersonnel;

- Personnalité mature, adaptabilité.

TRAVAIL SOCIAL HUMANISTE :
La personnalité et les relations humaines
– ressources et valeurs principales de la pratique

- Haut degré de conscience, la connaissance de soi, l'estime de soi (Maslow);

- Maximiser et capitaliser du potentiel interne de développement, auto-actualisation, optimisation, efficacité personnelle et sociale (Rogers);

- Bien-être psychologique, émotionnel, la satisfaction, le bonheur, l'hédonisme (Seligman);

- Le développement socio-émotionnel, contrôle des émotions, l'intelligence émotionnelle (Erikson);

- Réalisme et l'équilibre;

- Volonté puissante, résistance à échec et frustrations;

- Espoir, projectivité, orientation vers l'avenir;

- Attitude positive, optimisme, la pensée active;

- Développement moral;

- Sensibilité esthétique;

- La capitalisation maximale des compétences et des talents;

- Haute compétences professionnelles, etc.

En essence, donc, un niveau élevé de développement personnel implique principalement un degré élevé de réalisme et équilibre, de développement interpersonnel, autonomie personnelle et sociale, une personnalité mature et adaptabilité, haut degré de conscience, connaissance de soi, estime de soi, bien-être psychologique, émotionnel, l'intelligence émotionnelle, volonté puissante, résistance à échec et frustrations, attitudes positives, optimisme, pensée active, développement social et moral etc. (Erikson, 1998).

En terminant et en conclusion, le développement personnel est plutôt identique avec le développement inter-personnel et psychologique, avec

TRAVAIL SOCIAL HUMANISTE :
La personnalité et les relations humaines
– ressources et valeurs principales de la pratique

la capacité élevé d'adaptation sociale et professionnelle, le développement social, le contrôle de soi, la puissance de la volonté, associées
à un niveau élevé de développement de l'ego/ le moi, de la conscience,
des aptitudes, compétences et habitudes comportementales – qualités,
ressources psychologique-personnelles très importantes d'intervention,
d'assistance dans l'activité spécifique de travail social (humaniste) avec
le client, pour sa réhabilitation et intégration sociale, pour la formation
et le développent de sa forte personnalité, pour l'augmentation de la
résilience et/ou de la capacité personnelle de réhabilitation/ réinsertion.

TRAVAIL SOCIAL HUMANISTE :
La personnalité et les relations humaines
– ressources et valeurs principales de la pratique

PARTIE III

LES RELATIONS HUMAINES – RESSOURCE ET VALEUR DE BASE EN TRAVAIL SOCIAL HUMANISTE

TRAVAIL SOCIAL HUMANISTE :
La personnalité et les relations humaines
– ressources et valeurs principales de la pratique

TRAVAIL SOCIAL HUMANISTE :
La personnalité et les relations humaines
– ressources et valeurs principales de la pratique

RÉSUMÉ

Dans la troisième partie du livre, contenant deux chapitres, Chapitre 8 - **Les relations humaines,** et Le chapitre 9 - **La micro-communauté,** on fait référence et sont présentées les relations humaines et la micro-communauté humaine comme ressources et valeurs cruciales en travail social humaniste.

Quand nous approchons les *relations humaines* comme ressources et valeurs de la pratique en travail social humaniste nous considérons principalement:

- le contenu, la dimension ontologique-*humaine*-culturelle des relations sociales, les processus et les phénomènes socio-émotionnelles, les processus d'attachement entre les personnes, les processus et phénomènes inter-empathiques, compathiques, l'altruisme et la solidarité - ressources essentielles dont le professionnel pourraient utiliser dans le travail social humaniste à la fois avec le but de réadaptation psychologique-com-portementale du client et pour le but d'adaptation et d'intégration sociale, et

- les ressources et les valeurs des relations fortes, comme la cohésion, la résistance aux crises et défis, la durabilité, la confiance, la convergence relationnelle etc. - valeurs-objectives qui, appliquées au domaine de la pratique du travail social humaniste, aident à une meilleure compréhension de la relation organisationnelle entre les clients et entre les clients et les professionnels, en particulier en ce qui concerne les buts de croissance la résilience sociale.

Le concept de *micro-communauté* est approché et présenté comme le cadre social-organisationnel de la manifestation des relations humaines, en tant que ressource en soi par les deux grands dimensions/ sphères principales:

➢ humaine et culturelle, d'une part, et

➢ organisationnelle-institutionnelle, forte, d'autre part.

TRAVAIL SOCIAL HUMANISTE :
La personnalité et les relations humaines
– ressources et valeurs principales de la pratique

Etroitement liés du concept *micro-communauté humaine* et *micro-communauté forte* sont les concepts de *développement socio-humain* et *développement organisationnel.*

Habituellement, un niveau élevé de développement socio-*humain* et organisationnel implique un degré élevé d'harmonie sociale, d'unité humaine, de congruence inter-personnelle, de compathie, d'attachement sûr, forte, de fonctionnalité socio-humaine, inter-personnelle, communautaire, d'intégration/ cohésion sociale etc. - ressources et valeurs essentielles de la pratique en travail social humaniste.

Dans la pratique concrète du travail social humaniste les professionnels utilisent les valences proactives, formatives, éducatives et inductives des relations humaines et de la micro-communauté pour la reconstruction, humaine-psychologique et sociale-compathique, de la personnalité du client, comme étape dans son développement personnel et la réhabilitation/ réintégration sociale.

TRAVAIL SOCIAL HUMANISTE :
La personnalité et les relations humaines
– ressources et valeurs principales de la pratique

CHAPITRE 8

LES RELATIONS HUMAINES

TRAVAIL SOCIAL HUMANISTE :
La personnalité et les relations humaines
– ressources et valeurs principales de la pratique

Dans le travail social humaniste l'aspect qui concerne *les relations humaines* comme ressources et valeurs de la pratique vise le contenu, la dimension ontologique-*humaine*-culturelle des relations sociales en général, mais aussi bien la cohésion des relations inter-personnelles/ sociales, la résistance aux crises et défis, la durabilité, la confiance, la convergence relationnelle.

Nous considérons, également, comme ressources et valeurs de la pratique, les processus et les phénomènes socio-émotionnels, les processus d'attachement entre les personnes, les processus et phé-nomènes inter-empathiques, compathiques, l'altruisme et la solidarité sociale.

Aussi, nous considérons comme ressources et valeurs très importantes de la pratique en travail social humaniste les relations fortes, donc la cohésion, la résistance aux crises et défis, la durabilité, la confiance, la convergence relationnelle etc.

Ces sont des ressources essentielles dont le professionnel pourrait utiliser dans le travail social humaniste à la fois avec le but de réhabilitation et réadaptation psychologique-comportementale du client et, aussi bien, pour le but d'adaptation et d'intégration sociale.

8.1. LES RELATIONS HUMAINES - ASPECTS THÉORIQUES GÉNÉRAUX

Le concept *relations humaines* est aussi complexe que vague, comprenant une très grande surface d'aspects et de thèmes, à partir des relations inter-personnelles simples, les relations entre deux personnes, jusqu'à aspects et thèmes comme l'attachement, l'empathie ou phéno-

TRAVAIL SOCIAL HUMANISTE :
La personnalité et les relations humaines
– ressources et valeurs principales de la pratique

mènes complexes de groupe ou de société comme la compathie ou la solidarité sociale (Mayo, 1933).

Le terme est habituellement usé pour des idées et des situations comme :

- l'étude des problèmes humains découlant des relations organisationnelles et interpersonnelles;

- les relations sociales et inter-personnelles entre les êtres humains (Znaniecki, 1934);

- l'étude du comportement du groupe dans le but d'améliorer les relations inter-personnelles;

- une théorie proactive visant à développer un meilleur ajustement inter-personnelle et inter-groupes, etc.

Dans le contexte de la théorie, de la méthodologie et de la pratique du travail social humaniste, nous pouvons représenter les relations humaines comme une ressource cruciale dans l'activité du travailleur social humaniste, en visant principalement les lois des micro-groupes et des contextes socio-humaines, les processus socio-humains inter-personnels subjectives, humains, les relations et les phénomènes inter-personnels empathiques, d'attachement, de solidarité, d'amour, de conflit, coopération, les relations socio-affectives entre les personnes et dans l'intérieur des groupes, les relations de pouvoir entre les personnes et à l'intérieur des groupes, la façon dont les personnes, concrètement, vivent, aiment, souffrent, les relations d'attachement qui sont établies entre le personnes dans les relations de parenté, amitié, inimitié, intérêt, collégialité etc.

Ces sont des ressources essentielles dont le professionnel pourrait utiliser dans le travail social humaniste, à la fois avec le but de ré-adaptation psychologique-comportementale de la personne, du client et pour le but d'adaptation et d'intégration sociale.

Habituellement, un niveau élevé de développement des relations humaines implique un degré élevé d'harmonie sociale, d'unité humaine, de congruence inter-personnellle, de compathie, attachement forte, fonctionnalité socio-humaine, inter-personnelle, communautaire, intégration/ cohésion sociale etc. (Marsico, 2016), Donc, si, dans l'activité du travailleur social, à côté de l'objectif du développement

TRAVAIL SOCIAL HUMANISTE :
La personnalité et les relations humaines
– ressources et valeurs principales de la pratique

personnel individuel, est favorisé aussi l'objectif du développement de la relations humaines, sûrement le nombre et la gravité des problèmes sociaux, abordés en travail social humaniste comme problèmes *humains*, solidaristes, va diminuer.

Par l'utilisation de toutes ces ressources, associées génériquement à l'expression *relations humaines*, le professionnel humaniste acte sur la sphère sociale pour développer la sphère psychologique-sociale et l'autonomie comportementale du client avec le but thérapeutique-assistential de ré-adaptation et ré-insertion sociale, imprimant à sa personnalité et comportement qualités fixées comme ressources et outils personnels pour l'auto-récupération comme développement socio-émotionnel, la contrôle des émotions, l'intelligence émotionnelle, personnalité mature, adaptabilité, haut degré de conscience, la connaissance de soi, l'estime de soi, efficacité personnelle et sociale, volonté puissante, haut résistance à l'échec et les frustrations, espoir, projectivité, orientation vers l'avenir, attitude positive, optimisme, la pensée active, le développement moral, le développement culturel etc.

8.2. LA PSYCHOLOGIE SOCIALE (HUMANISTE)

Dans le contexte de la théorie, de la méthodologie et de la pratique du travail social humaniste, pour représenter les relations humaines comme une ressource dans l'activité de travailleur social humaniste, la psychologie sociale peut être définie comme la science qui étudie, entre autres, les lois des microgroupes et des contextes socio-humains, concentrant sur les processus socio-humains inter-personnels subjectives, humains, sur les relations et les phénomènes inter-personnels concrètes - empathiques, d'attachement, de solidarité, d'amour, de conflit, coopération etc. (Allport, 1985).

Donc, en ce qui concerne les relations humaines, plus concrète, la psychologie sociale (humaniste) apporte, dans la théorie, la méthodologie et la pratique du travail social humaniste, idées et et solutions comme:

- les relations socio-affectives entre les personnes et dans l'intérieur dee groupes;

- les relations de pouvoir - entre les personnes, à l'intérieur des groupes;

TRAVAIL SOCIAL HUMANISTE :
La personnalité et les relations humaines
– ressources et valeurs principales de la pratique

- la façon dont les personnes, concrètement, vivent, aiment, souffrent;

- les relations d'attachement qui sont établis entre les personnes dans les relations de parenté, amitié, inimitié, intérêt, collégialité;

- comment les personnes s'adaptent aux changements, ou réagir à la crise ou événements majeurs etc.

Dans la théorie, la méthodologie et la pratique du travail social humaniste, une categorie important de la psychologie sociale c'est *l'influence sociale*; nous disons, en contexte, l'influence *humaine*, ou inter-personnelle.

L'influence sociale est un terme généralement utilisé pour décrire les effets persuasifs lequel les gens ont les uns sur les autres. Les trois principaux domaines d'influence sociale comprennent:

- la conformité,

- la compliance, et

- l'obéissance (Latané, 1981).

Les catégories sont très importants, comme ressources, dans l'activité du travailleur social dans son effort de changement et d'intégration sociale du client.

8.3. L'ERGONOMIE (HUMANISTE)

Comme cela a été généralement consacrée, l'ergonomie est l'ensemble des connaissances et théories scientifiques nécessaires pour concevoir des outils, des machines, et des dispositifs qui puissent être utilisés avec le maximum de confort, de sécurité et d'efficacité de la personne en contexte organisationnel. Concrètement, la pratique de l'ergonomie est considérée un art (comme on parle de l'art médical, de l'art de l'ingénieur etc.) (Wisner, 1988).

Le science ergonomique, appliquée au domaine du travail social humaniste, aide à une meilleure compréhension de la relation entre le client et le milieu de vie, en la représentant par traits comme:

TRAVAIL SOCIAL HUMANISTE :
La personnalité et les relations humaines
– ressources et valeurs principales de la pratique

- harmonie;

- unité;

- congruence;

- compathie;

- attachement;

- fonctionnalité;

- intégration;

- inter-détermination.

Donc, dans la pratique du travailleur social humaniste son objectif est d'élaborer, avec le concours des diverses disciplines scientifiques, un corps de connaissances qui, dans une perspective d'application, doit aboutir à une meilleure adaptation et intégration de la personne, du client dans son milieu de vie.

8.4. LES RELATIONS *HUMAINES* (ALTRUISTES, SOLIDARISTES)

Ceux-ci représentent le contenu, la dimension ontologique-humaine-culturelle des relations sociales, donnant, comme il est naturel, aux questions ontologique-humaines et culturelles le rôle étiologique primaire, structurelle et existentielle.

L'approche humaniste-ontologique des relations humaines apporte dans la théorie, la méthodologie et la pratique du travail social humaniste des aspects, des idées et des solutions comme:

- les processus et les phénomènes socio-émotionnels;

- les relations *humaines*;

- les processus d'attachement entre les personnes;

- comment les gens concrètement vivent, aiment, souffrent;

- les processus et les phénomènes inter-empathiques (Gerdes & Segal, 2011, 146).

TRAVAIL SOCIAL HUMANISTE :
La personnalité et les relations humaines
– ressources et valeurs principales de la pratique

La dominance dans une communauté socio-humaine, dans un groupe, dans une famille, organisation, des phénomènes et processus décrits ci-dessus, de l'empathie et compathie, de l'altruisme et la solidarité nous amène pour parler non seulement des relations sociale simples, caractéristiques de la race humaine, de l'homme en général, mais de relations *humaines*, altruistes, solidaristes, humanitaires etc.

Ces sont des ressources essentielles dont le professionnel pourrait d'utiliser dans le travail social humaniste, à la fois avec le but de la ré-adaptation psychologique-comportementale de la personne, du client, et pour le but d'adaptation et d'intégration sociale.

Dans ces types de relations les personnes apportent en relations et communautés traits et conduites comme la bienveillance, l'altruisme, la personnalité ouverte à la jouissance générale de l'humanité, sensibilité accrue à la souffrance/ tragédie de l'autre - lui-même, mais aussi ressources émergentes de l'autonomisation, du bien-être et bonheur pour les gens de l'ambiance.

Se produit ainsi une interaction continue et accélérée, exponentiel, entre les relations humaines de l'intérieur de communauté et les traits/ conduites humaines des personnes, générant des phénomènes et des processus sociaux supérieurs avec importantes rôles curatives et adaptatives, réduisant beaucoup les risques d'exclusion sociale, les conduites déviants, les problèmes sociaux.

8.5. LES RELATIONS FORTES (DÉVELOPPÉES)

Les relations fortes/ développées représentent la dimension *existentielle* des relations sociales, inter-personnelles, donnant aux questions organisationnelle-institutionnelles le rôle étiologique primaire.

Ceux-ci sont caractérisées par traits telles que cohésion, résistance aux crises et défis, durabilité, confiance, etc. (Vanier, 1989, 304) - valeurs et ressources cruciales dans la pratique du travail social humaniste.

Représentées comme valeur-objectifs de la pratique, les relations fortes/ développées appliquées au domaine de la pratique du travail social humaniste, aident à une meilleure compréhension de la relation organi-

TRAVAIL SOCIAL HUMANISTE :
La personnalité et les relations humaines
– ressources et valeurs principales de la pratique

sationnelle entre les clients et entre les clients et les professionnels, en particulier en ce qui concerne les buts de croissance la résilience sociale.

Les grands, inclusives et cohésives, relations intègrent, de manière sublime, à la fois les relations *humaines* et les relations fortes/ développées, leur développement *humain* et organisationnel, représentant, à cet égard, des grandes valeurs et ressources dans la pratique du travail social humaniste.

8.6. LES RELATIONS HUMAINES COMME RESSOURCES ET VALEURS DE BASE EN TRAVAIL SOCIAL HUMANISTE

Quand nous approchons les relations humaines comme ressources et valeurs de la pratique en travail social humaniste nous considérons aussi bien les ressources et les valeurs des relations **humaines**, le contenu, la dimension ontologique-*humaine*-culturelle des relations sociales, les processus et les phénomènes socio-émotionnelles, les processus d'attachement entre les personnes. les processus et phénomènes inter-empathiques, compathiques, l'altruisme et la solidarité - ressources essentielles dont le professionnel pourraient utiliser dans le travail social humaniste, à la fois avec le but de la ré-adaptation psychologique-comportementale du client et pour le but d'adaptation et d'intégration sociale, et aussi les ressources et les valeurs des relations **fortes**, comme la cohésion, la résistance aux crises et défis, la durabilité, la confiance, la convergence relationnelle etc. - valeurs-objectives qui appliquées au domaine de la pratique du travail social humaniste, aident à une meilleure compréhension des relations organisationnelle-institutionnelles entre les clients et entre les clients et les professionnels, en particulier en ce qui concerne les buts de croissance la résilience sociale.

Dans la pratique concrète du travail social humaniste spécialement les ressources et les valeurs des relations *humaines,* les processus et les phénomènes socio-émotionnelles, l'altruisme et la solidarité, les processus d'attachement entre les personnes les processus et les phénomènes inter-empathiques sont d'une plus grande importance (Dominelli, 2002).

Comme nous l'avons vu dans le livre, l'attachement, l'empathie et la compathie sont, dans une perspective psychologique-ontologique, la

TRAVAIL SOCIAL HUMANISTE :
La personnalité et les relations humaines
– ressources et valeurs principales de la pratique

manifestation de l'âme, des ressources affectives/ psychologiques de la personne dans les relations sociales, inter-personnelles où est impliquée, en particulier dans les micro-groupes, les familles, les organisations etc.

Aussi, comme on l'a vu dans le livre, l'âme c'est moins quelque chose métaphysique, bien que, probablement, elle à aussi de telles dimensions ou interférences, mais une entité/ instance/ formation spirituelle-objective très profonde et complexe de l'être humain individuel, à côté du corps, de la personnalité, de l'ego, de la conscience, du caractère ou de l'intellect, représentant, dans ce contexte, ce qu'on pourrait appeler le lieu ou la source des sentiments, d'émotions sociales et spirituelles, en particulier *humaines*.

En conclusion, nous considérons aussi l'attachement, l'empathie et la compathie phénomènes et processus objectifs, naturels et nécessaires dans les relations entre la personne et le milieu de vie, entre les personnes, et moins quelque chose métaphysique, bien que, proba-blement, elles ont aussi de telles dimensions ou interférences, phénomènes et processus qui crucialement contribuant à l'obtention des objectifs de cohabitation comme l'harmonie, l'unité, la congruence, la fonctionnalité, l'intégration, la solidarité etc.

Aussi, comme on l'a vu dans le livre, en fonction de leur nature, loca-lisation ou source on peut parler de sous-sphères de l'âme comme l'âme affective (sociale), l'âme spirituelle, l'âme *humaine*, etc. Chacun des sphères de l'âme ayant des fonctions/ rôles spécifiques: l'âme affective (sociale) déterminant l'attachement, la sensibilité sociale et l'empathie inter-personale/ contingente, l'âme spirituelle déterminant la richesse spirituelle et la vertu, et l'âme *humaine* déterminant l'empathie/ compathie et l'humanité, la capacité d'adaptation et d'intégration de la personne dans les environnements socio-*humaines* differentes.

En conclusion, l'attachement, l'empathie et la compathie, peuvent être considérés produits de l'existence de l'âme et des sphères distinctes, spécialisées de l'âme, mais aussi du fonctionnement de la personnalité dans son ensemble dans le contexte des relations et des régularités sociales spécifiques dans lesquelles les gens interagissent.

À cet égard, les problèmes d'adaptation, de communication ou de l'intégration des personnes défavorisées dans des groupes sociaux alternatifs peuvent également être interprétés comme un résultat des sous-développement, des troubles, des blessures ou des faiblesses de l'âmes des personnes, et aussi, les problèmes d'adaptation, de

TRAVAIL SOCIAL HUMANISTE :
La personnalité et les relations humaines
– ressources et valeurs principales de la pratique

communication ou de l'intégration des personnes défavorisées dans des groupes sociaux alternatifs peuvent également être interprété comme un résultat des sous-développement, des troubles, des blessures des processus et phénomènes interpersonnelles, socio-humaines comme l'attachement, l'empathie et la compathie.

Tout, bien entendu, sur le fond et dans le contexte de l'évolution sociale globale, du développement général de la communauté où convit la personne.

Dans la pratique concrète du travail social humaniste le professionnel utilise les valences proactives, formatives, éducatives et inductives de l'attachement, de l'empathie et de la compathie pour la reconstruction, humaine-psychologique et sociale-compathique, de la personnalité et de la communauté, comme étape dans le développement personnel et communautaire et la ré-habilitation/ re-integration sociale/ humaine du client.

TRAVAIL SOCIAL HUMANISTE :
La personnalité et les relations humaines
– ressources et valeurs principales de la pratique

CHAPITRE 9

LA MICRO-COMMUNAUTÉ

TRAVAIL SOCIAL HUMANISTE :
La personnalité et les relations humaines
– ressources et valeurs principales de la pratique

Le concept de *micro-communauté,* tant qu'instrument épistémologique, est approché et représenté, dans ce chapitre et dans le livre, comme le cadre social-organisationnel principal de manifestation des relations humaines.

La micro-communauté tant qu'entité est approchée et représentée également comme ressource en soi dans la pratique du travail social humaniste par les deux grands dimensions/ sphères principales: *humaine* et culturelle, d'une part, et organisationnelle-institutionnelle, forte, d'autre part.

Etroitement liés des concepts de *micro-communauté humaine* et *micro-communauté forte* sont les concepts de *développement socio-humain* et *développement organisationnel-institutionnel.*

Habituellement, un niveau élevé de développement socio-*humain* et organisationnel implique un degré élevé d'harmonie sociale, d'unité humaine, de congruence inter-personnelle, de compathie, d'attachement sûr, de fonctionnalité socio-humaine, inter-personnelle, communautaire, d'intégration/ cohésion sociale/ communautaire etc. - ressources et valeurs essentielles de la pratique en travail social humaniste.

9.1. LA MICRO-COMMUNAUTÉ - ASPECTS THÉORIQUES GÉNÉRAUX

Le terme micro-communauté (humaine) se réfère, principalement, à un petit groupe socio-humain des personnes étroitement liés par des intérêts subjectifs, par des besoins communs, etc. Dans la plupart micro-communautés socio-humaines les personnes partagent des caractéristiques similaires et, collectivement, elles ont un sentiment mutuel de unité/ solidarité humaine/ sociale (Znaniecki, 1969, 94). Souvent, la micro-communauté présente un degré élevé de cohésion socio-humaine et est plus qu'une simple collection ou agrégat d'individus (Marsico, 2016).

TRAVAIL SOCIAL HUMANISTE :
La personnalité et les relations humaines
– ressources et valeurs principales de la pratique

En relation avec les deux paradigmes, perspectives humanistes importants de représentation et approche, ontologique-spirituelle et existentielle-positive, on peut parler de deux types de valeurs et ressources de la micro-communauté dans le travail social humaniste. Il est à propos de valeurs et ressources de la micro-communauté *humaine* et culturelle, d'une part, et de la micro-communauté forte/ développée, d'autre part.

La première catégorie est liée à l'expression *développement humain et culturel,* et le second à l'expression *développement organisationnel-institutionnel* de la micro-communauté.

9.2. LA MICRO-COMMUNAUTÉ *HUMAINE*

Nous utilisons, dans le livre, conventionnellement, les syntagmes micro-groupe « *humain* » et/ou micro-communauté « *humaine* » à la fois

➢ pour faire référence à un ensemble, une composition des relations, structures, personnes, réalités, practices, coutumes de l'intérieur de ces micro-groupes/ micro-communautés (familles, organisations, institutions etc.), comme les relations inter-personnelles d'attachement, les relation affectueuses, les relations compatiques, les practices et les coutumes d'aide réciproque, la solidarité sociale/ humaine de groupe, la présence/ la dominance des personnes avec traits de personnalité et conduites comme l'empathie, le bonheur, la bienveillance, la douceur, la bonté, la patience, la tolérance, la compréhension, l'amabilité, la bienfaisance, la charité, la serviabilité, l'indulgence, la philanthropie etc.

ainsi qu'à

➢ l'orientation, la qualité humaniste, la valence, le dimension *humain* général, global des micro-groupes, des micro-communautés, l'ensemble de caractéristiques et ressources humaines globales, constantes, psycho-sociologiques, socio-comportementalles et institutionnelles de ces micro-groupes/ micro-communautés (familles, l'organisations, l'institutions etc.).

Ces ensembles complexes des relations, structures, réalités, practices, coutumes *humains* de l'intérieur de ces familles, organisations, insti-

TRAVAIL SOCIAL HUMANISTE :
La personnalité et les relations humaines
– ressources et valeurs principales de la pratique

tutions etc. comme les relations inter-personnelles d'attachement, les relations affectueux, les relations compathiques, les practices et les coutumes d'aide réciproque, la solidarité sociale/ humaine de groupe, l'orientation, la qualité humaniste, la valence, le dimension humain général de ces familles, organisations, institutions sont des ressources très importantes pour l'adaptation et l'intégration sociale, pour le développement personnel et humain, mais aussi des ressources très importantes de réhabilitation psychologique et socio-comportementale pour les personnes en difficulté, pour résoudre les nombreux problèmes sociaux et humains avec quoi parement les services sociaux communautaires.

9.3. LA MICRO-COMMUNAUTÉ FORTE (DÉVELOPPÉE)

Le terme micro-communauté forte/ développée se réfère à un ensemble de structures et entités communautaires tels que la culture organisationnelle forte, la moralité forte, l'économie forte, les institutions fortes et d'autres - sources organisationnelles structurelles et relationnelle de la cohésion, l'adaptabilité, la résilience, l'assertivité de la communauté, ainsi qu'à l'orientation, la qualité, la valence, la dimension proactive de la communauté globale, de la communauté en tant qu'entité, unité, désignant institutions puissantes, résistance aux crises et défis, développement inter-communautés, orientation vers l'avenir, planification, collaboration, bonne gestion, etc. (Vanier, 1989, 6, 304). En ce sens, le développement de la communauté est étroitement déterminée par le niveau de développement/ organisation de la communauté dans son ensemble.

Le paradigme humaniste-positif de la micro-communauté, originé dans la sociologie existentielle, se concentre spécifiquement sur le développement communautaire et l'adaptation sociale par l'utilisation des ressources organisationnelles et d'adaptation, mettant en évidence, par conséquent, sa dimension existentielle et cohésive, comme entité, unité dans le contexte macro-social/ sociétal.

Représentée comme valeur-objectif de la pratique, la micro-communauté forte/ développée, appliquée dans le domaine du travail social humaniste, contribue à une meilleure compréhension de la relation entre le client et le milieu de vie, en la représentant par des traits tels que fonctionnalité, intégration, autonomie etc.

TRAVAIL SOCIAL HUMANISTE :
La personnalité et les relations humaines
– ressources et valeurs principales de la pratique

Les grandes communautés inclusives et cohésives incorporent, de manière sublime, tant la communauté humaine et la communauté forte/ développée, leur développement humain et organisationnel, représentant, à cet égard, grandes valeurs et ressources dans la pratique du travail social humaniste, en particulier dans les objectifs en ce qui concerne l'intégration sociale/ communautaires du client, en famille, en groupes professionnels etc.

9.4. LES RESSOURCES SOCIO-HUMAINES ET LES RESSOURCES ORGANISATIONNELLES (« FORTES ») DE LA MICRO-COMMUNAUTÉ

Etroitement liés au concept de micro-communauté *humaine* et au concept de micro-communauté forte sont les concepts de développement socio-*humain* et développement organisationnelle. Habituellement, un niveau élevé de développement socio-*humain* et organisationnel implique un degré élevé d'harmonie sociale, d'unité humaine, de congruence inter-personnellle, de compathie, d'attachement sûr, fonctionnalité socio-humaine, inter-personnelle, communautaire, intégration/ cohésion sociale etc. - ressources et valeurs essentielles de la pratique en travail social humaniste

Donc, si, dans l'activité du travailleur social, à côté de l'objectif du développement personnel individuel, est favorisé aussi l'objectif du développement des relations humaines, du développement de la communauté socio-humaine sûrement le nombre et la gravité des problèmes sociaux, abordés en travail social humaniste comme problèmes *humains*, va diminuer.

Les personnes qui vivent dans relations et communautés avec un degré élevé d'harmonie sociale, d'unité humaine, de congruence inter-personnellle, de compathie, attachement sûr, fonctionnalité socio-humaine, inter-personnelle, communautaire, intégration/ cohésion sociale développent, en conséquence, qualités comme altruisme, empathie/ compathie, engagement, spiritualité, bonheur, sensibilité, gentillesse, bienveillance, haut degré de développement personnel, haut degré de développement inter-personnel, haut degré de développement social, volonté puissante, résistance à l'échec et les frustrations, orientation vers l'avenir, optimisme, la pensée active, autonomie personnelle/ sociale, maturité, adaptabilité, connaissance de soi, estime

TRAVAIL SOCIAL HUMANISTE :
La personnalité et les relations humaines
– ressources et valeurs principales de la pratique

de soi, haut degré de contrôle des émotions, intelligence émotionnelle, réalisme et équilibre (Vanier, 1989).

Ces dernières caractéristiques sont encore améliorées, développées si la personne vit dans ce que nous pouvons appeler *communauté cohérente et puissante de point de vue socio-humain, moral, culturel et institutionnel,* concepts associés ou identifiés avec un certain nombre d'autres concepts tels que *développement social, développement moral, développement culturel, développement inter-personnel, développement institutionnel* etc.

Par l'utilisation de toutes ces ressources, associées génériquement à l'expression *relations humaines*, le professionnel humaniste actionne sur la sphère sociale pour développer la sphère psychologique-sociale et l'autonomie comportementale du client avec le but thérapeutique-assistential de ré-adaptation et ré-insertion sociale, en imprimant à sa personnalité et comportement qualités instituées comme ressources et outils personnels pour l'auto-récupération comme le développement socio-émotionnel, le contrôle des émotions, l'intelligence émotionnelle, personnalité mature, adaptabilité, haut degré de conscience, la connaissance de soi, l'estime de soi, efficacité personnelle et sociale, volonté puissante, la résistance à l'échec et les frustrations, espoir, projectivité, orientation vers l'avenir, attitude positive, optimisme, pensée active, développement moral, développement culturel etc.

TRAVAIL SOCIAL HUMANISTE :
La personnalité et les relations humaines
– ressources et valeurs principales de la pratique

PARTIE IV

LE CLIENT ET LE PROFESSIONNEL. LES RESSOURCES DU CLIENT ET LES RESSOURCES DU PROFESSIONNEL DANS LE PROCESSUS ASSISTENTIEL/ D'INTERVENTION

TRAVAIL SOCIAL HUMANISTE :
La personnalité et les relations humaines
– ressources et valeurs principales de la pratique

TRAVAIL SOCIAL HUMANISTE :
La personnalité et les relations humaines
– ressources et valeurs principales de la pratique

RÉSUMÉ

Cette partie du livre est consacrée principalement au but de mettre en évidence les ressources *humaines* et spirituelles et les ressources psychologique-personnelles du client et du professionnel en travail sociale humaniste, spécialement dans le processus d'intervention.

Il est, en ce sens, souligne l'aspect que *l'approche humaniste-ontologique* de la personnalité du client met l'accent sur des concepts, paradigmes et questions telles que personnalité *humaine*, développement *humain*, unicité, spiritualité, âme, ego *humain*, altruisme, empathie/ compathie, amour etc. L'approche met en évidence spécialement le contenu psychologique-ontologique, *humain* et spirituel de la personnalité du client, donnant, comme il est naturel, donc, à la sphère ontologique-spirituelle, le rôle étiologique primaire, structurel.

L'approche humaniste-positive étude la personnalité et la *personne* du client mettant l'accent sur des concepts, paradigmes et questions telles que forte personnalité, développement personnel, niveau élevé d'auto-contrôle, expériences optimales, espoir et optimisme, présence attentive, pleine conscience, bien-être, résilience, auto-détermination, efficacité, force de caractère, persévérance, créativité, intelligence émotionnelle, émotions positives, sens à la vie et engagement vers un but, existence pour soi, succès, performance, accomplissement/ réalisation professionnelle etc.

Pour chaque catégorie de clients impliqués dans le processus assistanciel/ thérapeutique, en travail social humaniste, devrait mettre en évidence et impliquées dans le processus les dimensions, valences, côtés de la personnalité ou des relations humaines qui sont compatibles avec les objectifs (humanistes) établies, avec les méthodes et les techniques spécifiques utilisées, etc. Par exemple, lorsque est visée l'augmentation de la résilience, de la capacité d'adaptation et d'intégration sociale du client est efficace à engager dans le processus d'intervention les ressources de sa forte personnalité, par le développement psychologique-personnel et social, et, lorsque est visée la réhabilitation humaine/ spirituelle et le bonheur du client est recommandée l'exploitation des ressources de la personnalité *humaine* et spirituelle, des relations *humaines* et culturelles du client.

TRAVAIL SOCIAL HUMANISTE :
La personnalité et les relations humaines
– ressources et valeurs principales de la pratique

Aussi, la représentation humaniste de la *personnalité du professionnel* est imposée par deux principaux paradigmes: le *paradigme humaniste-ontologique/ spirituel,* et le *paradigme humaniste-existentiel/ positif.*

Le niveau haut de développement humain et spirituel du professionnel est un facteur crucial d'efficacité dans ses objectifs spécifiques, notamment ceux qu'impliquent l'empowerment, l'acquisition d'auto-nomie et le bien-être psychologique-émotionnel du client. Un niveau élevé de développement *humain* et spirituel du professionnel implique principalement un degré élevé d'humanisme, empathie, spiritualité, bonheur, gentillesse, tolérance, bienveillance, philanthropie etc.

Dans la perspective du paradigme humaniste-existentiel/ positif, en travail social humaniste, on peut parler de développement psycho-logique-personnel du professionnel seulement dans la mesure où ses valeurs, paramètres se situent à des niveaux élevés et se consacres ainsi comme traits proéminents de personnalité et conduite (professionnelle), comme niveaux élevé d'autonomie sociale, de développement inter-personnel, personnalité mature, adaptabilité, haut degré de conscience, la connaissance de soi, l'estime de soi, efficacité personnelle et sociale, bien-être psychologique, émotionnel, bonheur, intelligence émotionnelle, réalisme et l'équilibre, volonté puissante, optimisme, pensée active, niveaux élevé de développement moral, hautes compétences profe-ssionnelles etc.

TRAVAIL SOCIAL HUMANISTE :
La personnalité et les relations humaines
– ressources et valeurs principales de la pratique

CHAPITRE 10

LE CLIENT

TRAVAIL SOCIAL HUMANISTE :
La personnalité et les relations humaines
– ressources et valeurs principales de la pratique

Dans la théorie du travail social humaniste la personnalité du client est représentée/ reflétée dans une manière complexe et holistique, incorporant, conséquentement, des connaissances, des idées, des théories spécialement de la psychologie, mais aussi de la sociologie, la philosophie, l'anthropologie et d'autres sciences et domaines, développant, par conséquent, une perspective multi-disciplinaire et inter-disciplinaire. Ce qui différencie et caractérise, entre autres choses, la théorie du travail social humaniste par rapport à la psychologie en ce qui concerne la représentation de la personnalité du client c'est son approche comme un ensemble, comme un système complexe, multi-dimensionnel et émergent.

Aussi, si dans le paradigme structuro-fonctionnaliste le client (et sa personnalité) est, nomologiquement, représenté comme une simple «élément» sociale, subordonné aux structures et processus de groupe, communauté, société, etc., plaçant dans le deuxième plan sa subjectivité, l'ego, l'âme, sa ontologie particulière comme existence, comme étant, comme unicité, comme destin, le paradigme humaniste du travail social apporte-les dans le premier plan, articulant un modèle de personnalité de type existentiel, humaniste et spirituel-personnologique.

En ce sens, la personnologie humaniste et la théorie humaniste du travail social étudient la personnalité du client, ontogénétiquement - facteurs et façon de former, structurellement – structure, organisation interne, et composition, et fonctionnellement – fonctionnement, dynamique, interaction, etc., avec des moyens, des méthodes de la psychologie humaniste, la philosophie existentielle, la philosophie spiritualiste, l'anthropologie culturelle, etc.

L'approche humaniste-ontologique de la personnalité du client met l'accent sur des concepts, paradigmes et questions telles que personnalité *humaine*, développement *humain*, unicité, spiritualité, âme, soi/ ego *humain*, altruisme, empathie/ compathie, amour, approche

TRAVAIL SOCIAL HUMANISTE :
La personnalité et les relations humaines
– ressources et valeurs principales de la pratique

idéographique etc. L'approche met en évidence spécialement le contenu psychologique-ontologique, *humain* et spirituel de la personnalité du client, donnant, comme il est naturel, donc, à la sphère ontologique-spirituelle, le rôle étiologique primaire, structurel, constitutionnel.

Au lieu, *l'approche humaniste-positive* étude la personnalité et *la personne* du client mettant l'accent sur des concepts, paradigmes et questions telles que forte personnalité, développement personnel, niveau élevé d'auto-contrôle, expériences optimales, espoir et optimisme, présence attentive, pleine conscience, bonheur, bien-être, satisfaction, résilience, auto-détermination, efficacité, force de caractère, persévérance, créativité, intelligence émotionnelle, émotions positives, sens à la vie et engagement vers un but, existence pour soi, succès, performance, réalisation professionnelle etc.

Donc, cette approche, humaniste-positive de la personnalité du client, se concentre, spécialement, sur le développement personnel et l'adaptation sociale par l'utilisation des ressources psycho-volitives et adaptatives, mettant en évidence, donc, la dimension existentielle et adaptative, le bonheur, la liberté et la volonté de la personne, privilégiant traits de personnalité et qualités comme l'optimisme, l'énergie, le libre arbitre, la liberté, l'autonomie, la détermination, la réalisation de soi, l'espoir, l'activité, la conscience, la responsabilité, le développement personnel, l'adaptabilité sociale, l'assertivité, la résilience etc.

10.1. LE CLIENT DANS LE TRAVAIL SOCIAL HUMANISTE

Essentiellement, la théorie humaniste en travail social met en évidence premièrement les qualités, les potentialités et les ressources du client et puis ses déficiences, ses désordres (Payne, 2011).

En ce qui concerne les déficiences, les dysfonctionnements l'accent est mis sur les carences et les troubles de nature humaine, spirituelle et psycho-sociales situées au niveau de sa personnalité.

Lorsque est représenté le client collectif sont cherchées troubles de nature humaine, culturelle et morale situées au niveau des relations

TRAVAIL SOCIAL HUMANISTE :
La personnalité et les relations humaines
– ressources et valeurs principales de la pratique

sociales ou au niveau de la micro-communauté (famille, organisation professionnelle, communauté locale etc.).

L'humanisme, comme philosophie et mouvement, comme ressource théorique-axiologique fondamentale du travail social humaniste, propose la représentation du client par des idées et des catégories telles que:

- La primauté du client en tant qu'individu, personne, ego, et l'unicité dans la société ;

- Intérêt pour la croissance personnelle et l'autonomie du client ;

- La puissance de la raison, la connaissance de soi, la réalisation de soi, l'auto-actualisation du client ;

- L'accent sur la vie réel du client ;

- L'intérêt pour des sujets tels que le bonheur et la détresse du client ;

- La liberté et la responsabilité du client;

- La volonté, et la capacité pour l'autodétermination du client ;

- Les expériences de limites du client ;

- Les crises et les impasses existentielles du client ;

- Les limites de la liberté personnelle du client ;

- La congruence ontologique-existentielle entre le client et l'environnement ;

- L'existence sociale concrète du client (Humanistische Akademie. 1998).

Si, en ce qui concerne la représentation du client comme valeur, le travail social traditionnel, basé, théoriquement, axiologiquement et doctrinalement, principalement sur les théories et les valeurs humaniste-traditionalistes concernant la relation entre le bien-être individuel et le bien-être public, avec une importante origine et support

TRAVAIL SOCIAL HUMANISTE :
La personnalité et les relations humaines
– ressources et valeurs principales de la pratique

moral (éthique) et religieuse, met le client dans une position passive, avec l'accent sur les besoins matériels et émotionnels de la personne, et, d'autre part, en opposition, le travail social structurel/ radical, basé, théoriquement-épistémologiquement et axiologiquement-doctrinalement, principalement sur les théories et les valeurs philosophico-criticistes et radicales concernant les relations entre le bien-être individuel et le bien-être public, met l'accent d'abord sur les structures/ institutions et après sur le client, sur la communauté et la société comme ensemble/ tout, sur le changement social structurel, institutionnel, par réformes sociales et politiques radicales pour l'amélioration institutionnel de sa situation, le travail social humaniste, soutenu par l'offensive de la psychologie et de la psychothérapie humaniste, d'un côté, et de la microsociologie et la sociologie humaniste, d'un autre coté, tous dans le contexte philosophique et épistémologique conçu par la phénoménologie, l'existentialisme, le postmodernisme/ post-postmodernisme etc. dans les domaines de la théorie et la pratique sociale, donc, comme la troisième voie dans le travail social contemporain, vient avec la mission de promouvoir une attitude proactive mais aussi et compathique (solidariste) sur le client, sur la relation *praticien/ service - client*, par la création d'un environnement socio-humain (communautaire/ thérapeutique) basée sur empathie, amour, harmonie et humanité, par l'humaniser la communauté, par le changement des clients par leur autonomisation, émancipation, développement et responsabilisation personnelle, partant du droit au bonheur et bien-être, de leur droit à la dignité et l'autodétermination, mais aussi partant du fait que le client a beaucoup des ressources internes inutilisés pour la récupération et pour l'affirmation social autonome.

Contribution plus concrètes et utiles en ce qui concerne la représentation du client en travail social humaniste apportent la psychologie et la psychothérapie humaniste, qui mets au premier plan concepts et idées telles que:

- la personnalité du client ;

- la responsabilité du client ;

- la capacité d'auto-détermination du client ;

TRAVAIL SOCIAL HUMANISTE :
La personnalité et les relations humaines
– ressources et valeurs principales de la pratique

- la puissance de la raison, la connaissance de soi du client ;

- la capacité de la réalisation de soi, l'auto-actualisation ;

- l'optimisme, la créativité du client ;

- la thérapie centrée sur le client ;

- l'unicité psychologique-individuelle de la personnalité du client (Rogers, 1977).

Donc, la psychologie et la psychothérapie humaniste favorisent le développement du client conformément à ses caractéristiques, chaque individu sain a la capacité d'atteindre son potentiel en termes humains, sociaux et spirituels, tout dépend de son activisme interne et de la volonté pour le changement ou l'accomplissement de soi.

Dans sa totalité, le paradigme théorique-axiologique humaniste du travail social promeut, en ce qui concerne la représentation du client, des idées, valeurs et concepts:

- La représentation du client comme être humain concret et complexe, comme l'individualité;

- La personnalité comme ressource fondamentale pour la récupération;

- L'émancipation spirituelle, la développement personnel/ humaine et l'autodétermination du client (Humanistische Akademie, 1998; Payne, 2011).

L'autonomisation est l'un des moyens, objectifs et valeurs fondamentales de la pratique avec le client en travail social humaniste, atteint principalement par sa ré-humanisation, re-spiritualisation et ré-illumination - à partir de l'idée que, dans la plupart des cases, sa situation de difficulté a comme explication principal un déficit prononcé d'humanisme, de spiritualité.

TRAVAIL SOCIAL HUMANISTE :
La personnalité et les relations humaines
– ressources et valeurs principales de la pratique

L'interaction *professionnel-client* est, donc, en fait, une relation inter-humaine entre deux ou plusieurs êtres, avec personnalités et âmes, et le succès de l'intervention est crucialement déterminé de ses nature et qualité et pas seulement de les ressources économiques ou la technologie utilisée.

L'objectif principal du travailleur social humaniste avec le client est de promouvoir le changement psychologique-humaine, le développement spirituel, culturel et humain, l'émancipation spirituelle engageant aussi les personnes et les structures socio-humaines, par la création d'un environnement socio-humaine basée sur empathie, amour et humanisme, partant du droit du client au bonheur et bien-être, mais aussi de leur droit à la dignité et l'autodétermination, mettent l'accent sur la sphère psychologique-spirituel et socio-humaine de sa personnalité.

Alors, une de la tâches les plus importantes du travailleur social humaniste est d'habiliter le client pour devenir capable, principalement par les ressources de leurs propres personnalités, de faire face aux situations de crise et situations difficiles qui peuvent sembler tout moment.

Conformément à la théorie du développement personnel et de l'autonomisation personnelle/ sociale, la personnalité du client est abordée comme ressource principale pour croissance et adaptation sociale. Dans la pratique effective du travail social humaniste il est, donc, favorisée l'objectif du développement et l'autonomisation personnel du client.

Dans la pratique le professionnel utilise les valences proactives, formatives, éducatives et inductives de l'empathie et du bonheur, comme ressources intérieures du client, pour la reconstruction, humaine-psychologique de la personnalité, comme étape dans le développement personnel et la réhabilitation/ ré-intégration sociale (Payne, 2011).

Conformément à la théorie du bonheur dans le travail social humaniste toutes les clients, indépendamment de l'âge, le sexe, la nationalité, la race, le statut social, la profession a le droit à une vie digne, au bonheur,

TRAVAIL SOCIAL HUMANISTE :
La personnalité et les relations humaines
– ressources et valeurs principales de la pratique

à l'épanouissement personnel, l'indicateur essentiel de la qualité de sa vie est la satisfaction interne, le bonheur et la complaisance de la personne. Sa bonheur authentique est une source du développement personnel, efficacité sociale/ professionnelle et facteur pour l'acquisition de la capacité de réinsertion sociale autonome. Aussi conformément à la théorie du bonheur dans le travail social humaniste le client c'est pas seulement un simple consommateur de services, de biens matériels, c'est aussi une être culturel, spirituel, esthétique, ludique, il a donc, aussi, des besoins émotionnels, culturels, spirituels, esthétiques, ludiques, qui, pour une réhabilitation complète, doivent être inconditionnellement satisfaits.

10.2. LA PERSONNALITÉ DU CLIENT

Dans la théorie, l'axiologie et la pratique du travail sociale humaniste la personnalité du client est représentée comme l'ensemble des caractéristiques *humaines* constantes, biopsychologiques et socio-comportementales qui mettent en évidence, avec préférence, les aspects d'unité de son comportement dans des situations et contextes socio-humains différentes, et de domination/ consistance de certains caractéristiques *humaines* et spirituelles, spécialement de la sphère de son tempérament et caractère.

Le paradigme humaniste de la personnalité du client met en évidence, d'un côté, le contenu ontologique de sa personnalité, donnent à la sphère ontologique-spirituelle le rôle étiologique primaire, structurelle et, de l'autre côté, met en évidence, la dimension existentielle et adaptative de sa personnalité, le bonheur, la liberté et de la volonté, mettant l'accent, spécialement, sur sa développement humain, spirituel et personnel, et l'adaptation sociale par l'utilisation des ressources psycho-spirituelles et psycho-volitives adaptatives (Maslow, 2011).

Donc, la représentation humaniste de la personnalité du client est imposée, par deux principaux paradigmes, respectivement par le paradigme humaniste-ontologique, et le paradigme humaniste-positif. Les deux paradigmes représentant l'objet principal de l'étude de la

TRAVAIL SOCIAL HUMANISTE :
La personnalité et les relations humaines
– ressources et valeurs principales de la pratique

personnologie humaniste, avec les deux branches, la personnologie humaniste-ontologique, et la personnologie humaniste-positive.

Dans la perspective de la personnologie humaniste la personnalité du client est représentée/ reflétée dans une manière complexe et holistique, incorporant, conséquemment, des connaissances, des idées, des théories spécialement de la psychologie, mais aussi de la sociologie, la philosophie, l'anthropologie, et d'autres sciences et domaines, développement, par conséquent, une perspective multi-disciplinaire et inter-disciplinaire. Ce qui différencie et caractérise, entre autres choses, la personnologie par rapport à la psychologie, en ce qui concerne la représentation de la personnalité du client c'est son approche comme un ensemble, comme un système complexe, multi-dimensionnel et émergent.

Si, dans le paradigme structuro-fonctionnaliste le client (et sa personnalité), est, nomologiquement, représenté comme un simple élément dans une «machine» sociale, subordonné aux structures et processus de groupe, communauté, société, etc., plaçant dans le deuxième plan sa subjectivité, son ego, l'âme, sa ontologie particulière comme existence, comme étant, comme unicité, comme destin, le paradigme personnologique humaniste apporte-les dans le premier plan, articulant un modèle de personnalité de type existentiel, humaniste et spirituel.

Donc la personnologie humaniste, et aussi la théorie du travail social humaniste, étudient la personnalité du client d'une manière complexe et idiothétique, incorporant connaissances, idées, théories de la sphère humaniste-existentielle de la pensée/ philosophie et culture, incorporant connaissances, idées, théories de la psychologie humaniste, de la sociologie humaniste, et d'autres disciplines, sciences, domaines, et pratiques d'orientation humaniste, existentialiste et spiritualiste, développant, par conséquent, une perspective multi-disciplinaire, inter-disciplinaire et profonde humaine et spirituelle.

En ce sens, la personnologie humaniste et la théorie du travail social humaniste étudient la personnalité du client de point de vue ontologique - facteurs et façon de former, de point de vue structurel – structure,

TRAVAIL SOCIAL HUMANISTE :
La personnalité et les relations humaines
– ressources et valeurs principales de la pratique

organisation interne, et composition, et de point de vue fonctionnel – fonctionnement, dynamique, interaction, etc., avec des moyens, des méthodes de la psychologie humaniste, la philosophie existentialiste, la philosophie spiritualiste, l'anthropologie culturelle etc.

En perspective/ lumière de la théorie des systèmes émergents la personnalité du client est, d'une part, socialement, un élément variable et dynamique dans un système (social), et, d'autre part, ontologiquement, biologiquement et psychologiquement, est lui-même un système dynamique et émergent, avec des attributs dominants de variabilité, particularité, et l'unicité. Le processus de formation ontogénétique de la personnalité du client combine, synthétise, par émergence, d'une manière irépétable, unique, les trois grands, fondamentales facteurs: l'organisme, l'intellect/ l'esprit, et l'environnement socio-humain.

L'approche humaniste-ontologique de la personnalité du client met l'accent sur des concepts, paradigmes et questions telles que personnalité *humaine*, développement *humain*, développement spirituel, unicité, âme, ego *humain*, altruisme, empathie/ compathie, amour etc. L'approche met en évidence spécialement le contenu psychologique-ontologique, *humain* et spirituel de la personnalité du client, donnant, comme il est naturel, donc, à la sphère ontologique-spirituel, le rôle étiologique primaire, structurel, existentiel.

Au lieu, l'approche humaniste-positive étudie la personnalité et la « personne » du client mettant l'accent sur des concepts, paradigmes et questions telles que forte personnalité, développement personnel, niveau élevé d'auto-contrôle, expériences optimales, espoir et optimisme, présence attentive, pleine conscience, bonheur, bien-être, satisfaction, résilience, auto-détermination, efficacité, force de caractère, persévérance, créativité, intelligence émotionnelle, émotions positives et gratitude, sens à la vie et engagement vers un but, existence pour soi, succès, performance, réalisation professionnelle etc. (Maslow, 2011; Rogers, 2008)). Donc, cette approche, humaniste-positive de la personnalité du client, se concentre, spécialement, sur le développement personnel et l'adaptation sociale par l'utilisation des ressources psycho-volitives et adaptatives, mettant en évidence, donc, la dimension

TRAVAIL SOCIAL HUMANISTE :
La personnalité et les relations humaines
– ressources et valeurs principales de la pratique

existentielle et adaptative, le bonheur, la liberté et la volonté de la personne, privilégiant traits de personnalité et qualités comme l'optimisme, l'énergie, le libre arbitre, la liberté, l'autonomie, la détermination, la réalisation de soi, l'espoir, l'activité, la conscience, la responsabilité, le développement personnel, l'adaptabilité sociale, l'assertivité, la résilience etc.

10.3. LA PERSONNALITÉ *HUMAINE* DU CLIENT

Ce que nous appelons, dans le livre, la personnalité humaine du client désigne, d'une part, l'orientation, la qualité *humaniste*, la valence, la dimension humaine générale de sa personnalité globale, l'ensemble des caractéristiques et ressources constantes, bio-psychologiques et socio-comportementales, spirituelles et humaines du client, qui mettent en évidence, avec préférence, les aspects de l'unité du comportement dans des situations et contextes *socio-humaines* différentes, et de domination/ consistance de certains caractéristiques et ressources *humaines, spirituelles, trans-humaines* etc.. et, d'autre part, désigne un ensemble des formations de sa personne, personnalité globale, comme l'âme (affective, spirituelle, *humaine*), l'ego *humain*, la conscience *humaine*, le caractère *humain*, et d'autres - sources compositionnelle-structurales onto-psychologiques, spirituelle et intellectuelles de ses qualités et conduites *humaines* et spirituelles.

Les deux acceptations sont fondations et explications des qualités humaines et spirituelles du client, de son comportement *humain*, prosocial, adaptative, intégrative, importantes ressources pour la réhabilitation et l'intégration socio-*humaine*.

La personnalité *humaine* (altruiste, prosociale) du client peut être abordée de la perspective psychologique-ontologique, motivationnelle, axiologique-morale et praxéologique en engageant trois majeure onto-formations: l'âme *(humaine),* l'ego *humain* et le caractère humain.

L'âme du client est une entité/ instance/ formation spirituelle-objective très profonde et complexe représentant ce qu'on pourrait appeler *le lieu ou la source de ses sentiments, émotions sociales et spirituelles, en*

TRAVAIL SOCIAL HUMANISTE :
La personnalité et les relations humaines
– ressources et valeurs principales de la pratique

particulier humaine. En fonction de leur nature, localisation ou source on peut parler de sous-sphères de l'âme du client comme *l'âme affective (sociale)*, *l'âme spirituelle*, *l'âme humaine*, etc. Chacun des sphères ayant des fonctions/ rôles spécifiques en détermination de ses ressources psychologique-comportementales et de sa personnalité: l'âme affective (sociale) déterminant l'attachement, la sensibilité sociale et l'empathie interpersonale/ contingente; l'âme spirituelle déterminant la richesse spirituelle et la vertu; l'âme *humaine* déterminant l'empathie/ compathie et l'humanité, la capacité d'adaptation et d'intégration du client dans les environnements socio-*humaines* differentes.

Donc, de la perspective des objectifs fondamentaux du travail social humaniste, par les valences prosociales, *humaines* imprimés à la personnalité et le comportement du client, l'âme *humaine* devient un facteur crucial pour son adaptation et intégration sociale/ humaine dans les communautés socio-*humaines*, dans les environnements autres que ceux principalement basé sur l'attachement interpersonnel élémentaire, primaire. À cet égard, les problèmes d'adaptation, de communication ou de l'intégration des personnes défavorisées dans les communautés sociales alternatives peuvent également être interprété comme un résultat du sous-développement, des troubles, des blessures ou des faiblesses de l'âme *humaine*. Donc, dans la pratique du travail social humaniste est plus qu'évident la nécessité de prioriser le développement de cette sphère de la personnalité du client.

L'ego *humain* du client est, aussi, à côté de l'âme spirituelle et l'âme *humaine*, l'un des plus importants ressources d'adaptation, intégration du client, de ré-habilitation sociale et professionnelle. La consistance de l'ego *humain* du client contribue à l'établissement du système de croyances personnelles et convictions personnelles *humaines* assumées, des conduites morales, *humaines*, contribue, conduit à la formation et à l'établissement des sentiments moraux/ humains/ prosociaux, aussi détermine l'apparence de la nécessité de l'harmonie sociale, de la solidarité socio-humaine etc.

L'introjection des valeurs des autres enrichit le propre soi du client, le propre personnalité et représentent une ressource importante de ré-habilitation, adaptation et intégration social. Le contenu ontologique-

TRAVAIL SOCIAL HUMANISTE :
La personnalité et les relations humaines
– ressources et valeurs principales de la pratique

noétique, psychologique, de l'ego *humain* du client est soutenu par affirmations, modèles/ patterns perceptive-attitudinale comme : je suis homme; j'appartiens à l'humanité; le bien commun est également mon bon; je suis un bon homme; je suis désintéressé, généreux; je veux aider, être utile, je veux d'être parti de la famille, communauté, société etc.

Le caractère *humain* (moral, prosocial) du client est une structure de personnalité holistique par lequel sont formées et cristallisées ses caractéristiques personnelles liées du bien et la jouissance commune, de toutes les personnes, où ces caractéristiques personnelles sont exprimés comme qualités personnelles constants de conduite. Le rôle du caractère *humain* du client, sa formation et établissement comme formation structurelle de sa personnalité va conduire, avec la contribution de la conscience *humaine*, à la métamorphose des ressources *humaines* et spirituelles de la personne dans attitudes et comportements prosociaux, adaptatives, intégratives (Stefaroi, 2015).

10.4. LA FORTE PERSONNALITÉ DU CLIENT

Un client, une personne en situation de difficulté, avec une forte personnalité, caractérisée par des traits de personnalité tels que haut degré de développement personnel, haut degré de développement inter-personnel, haut degré de développement social, volonté puissante, résistance à échec et frustrations, orientation vers l'avenir, optimisme, la pensée active, professionnalisme, autonomie personnelle/ sociale, maturité, adaptabilité, estime de soi, bonheur, hédonisme, haut degré de contrôle des émotions, intelligence émotionnelle, réalisme et équilibre a chances beaucoup supérieure de réhabilitation qu'un client avec traits opposés, ou moins développés.

Donc, la forte personnalité du client peut être associée ou identifiée avec un certain nombre d'autres concepts cruciaux tels que *développement personnel du client, développement inter-personnel du client, développement psychologique du client, adaptation, développement social du client, haute contrôle de soi, puissance de la volonté.* Sont, alors,

TRAVAIL SOCIAL HUMANISTE :
La personnalité et les relations humaines
– ressources et valeurs principales de la pratique

entraîné, spécialement, des formations, instances, processus et structures psychologiques de la personnalité du client comme *l'ego personnel,
la volonté, les habiletés de communication, la conscience active, l'inte-
lligence/ l'intellect, les aptitudes, compétences et habitudes socio-comportementales instrumentales etc.*

L'ego personnel du client, cette formation, construction centrale peut
être considéré le noyau dur, rugueux, de la structure et de la ontologie
de sa personnalité. Sa faiblesse, affectation, ou destruction affecte tout
la construction de la personnalité globale, sa intégrité et fonctionnalité,
et, en conséquence, l'adaptation sociale de la personne/ du client, L'ego
personnel du client représente la synthèse psychologique-ontologique de
l'image et la jouissance du soi du client, la synthèse qui engage aussi
l'autre social projetée dans sa cognition et la jouissance, étant,
finalement, le produit d'un rapport, confrontation, transaction existentiel.

Donc, l'ego personnel du client peut être représenté comme une
synthèse des formations et structures ontologique-subjectives et
psychologique-intellectuelles constitutionnellement orientée vers son
bien, continuité, affirmation, mais ces intérêts et objectifs s'imposent,
existentiellement, seulement par référence à l'environnement social, à la
communauté, à la société, aux valeurs, où il ya beaucoup de ressources
et des moyens par lesquels le client peut-il remplir à la fois psychologiquement mais surtout dans le plan social.

La conscience (de soi) du client est un univers psychologique-relationnel,
intellectuel-axiologique, une instance psychologique, intellectuel, et
axiologique supérieure, une construction psychologique-personnelle
holistique-structurelle individuelle et unique, idiothétique, centrée sur
elle-même, où sont débattues et construits les systèmes des valeurs, les
conceptions vers le lui-même, le monde, les gens, le travail, la société, le
lieu des idées et des croyances fondamentales, individualistes du client.
La conscience du client assure le saut à statut d'homme, et représente la
réflexion épistémologique, dans ses structures mentales et l'ontogenèse
intellectuelle, des caractéristiques environnementales symboliques,
culturelles et sociale d'où cela coexiste.

TRAVAIL SOCIAL HUMANISTE :
La personnalité et les relations humaines
– ressources et valeurs principales de la pratique

Les aptitudes, les compétences et les habitudes comportementale-instrumentales du client sont, presque tous, produits de l'inculturation, de l'éducation, de la modélisation sociale, assimilées par conscientisation et exercice (expérience personnelle), par des exemples/ modèles des pratiques ou comportement, avec le but principal d'adaptation personnelle aux caractéristiques particulières du milieu de vie concrète du client. Dans le domaine de la pratique du travail social humaniste nous parlons aussi de compétences et des sensibilités du client de type social ou empathique/ compathique, de compétences interpersonnelles profondes, de compétences de communication formé, établi non seulement par le langage verbal-logique mais aussi par le langage corporel et gestuelle, etc., et aussi de compétences intellectuelles, émotionnelles, volitionnelles de maintenir le comportement adaptatif du client.

10.5. LE DÉVELOPPEMENT/ LES RESSOURCES *HUMAINES* ET SPIRITUELLES DU CLIENT

En essence, un niveau élevé de développement *humain*/ spirituel et des ressources *humaines*/ spirituelles du client implique un degré élevé d'humanisme, d'altruisme, d'empathie/ compathie, de spiritualité, de bonheur, de gentillesse, de tolérance, de bienveillance, de philanthropie etc., une personnalité *humaine* bien développée, la domination/ consistance de certains caractéristiques et ressources humaines, spirituelles, trans-humaines etc., et, d'autre part, le bien développé de l'ensemble des formations *humaines* de la personnalité globale, comme l'âme (affective, spirituelle, *humaine*), l'ego *humain*, la conscience *humaine*, le caractère *humain*, et d'autres, comme sources et ressources structurales onto-psychologiques, spirituelles, et intellectuelles de ses qualités et conduites *humaines* et spirituelles.

Ces sont importantes ressources, fondations et explications des conduites prosociales, adaptive du client, de son comportement intégrative, importantes ressources du client pour la réhabilitation et l'intégration socio-humaine, ressources qui peut être utilisées par le

TRAVAIL SOCIAL HUMANISTE :
La personnalité et les relations humaines
– ressources et valeurs principales de la pratique

praticien dans son activité curative, améliorative, intégrative spécifique dans la pratique du travail social humaniste.

Par les valences prosociales imprimées au comportement le niveau élevé de développement *humain et spirituel,* les ressources *humaines* et spirituelles du client représentent ressorts et factors essentiaux pour son adaptation et intégration sociale/ humaine dans les groupes sociaux, les communautés socio-humaines, les environnements autres que ceux principalement basés sur l'attachement inter-personnel elementaire (Stefaroi, 2014).

10.6. LE DÉVELOPPEMENT/ LES RESSOURCES PSYCHOLOGIQUE-PERSONNELLES (INSTRUMENTALES) DU CLIENT

Le développement/ les ressources psychologique-personnelles du client sont catégories cruciales de la pratique du travail social humaniste, et impliquent aspectes comme niveaux élevé d'autonomie personnelle/ sociale, de développement inter-personnel, personnalité mature, adaptabilité, haut degré de conscience, la connaissance de soi, l'estime de soi, de maximiser et capitaliser le potentiel interne de développement, auto-actualisation, optimisation, efficacité personnelle et sociale, bien-être psychologique, émotionnel, satisfaction, bonheur, hédonisme, développement socio-émotionnel, contrôle des émotions, intelligence émotionnelle, réalisme et l'équilibre, volonté puissante, résistance à échec et frustrations, espoir, projectivité, orientation vers l'avenir, une attitude positive, optimisme, pensée active, niveaux élevé de développement moral, capacité élevé de capitalisation maximale des compétences et des talents, hautes compétences professionnelles etc.

Le bien développé d'ensemble des formations de la forte personnalité, comme l'ego personnel/ le soi, la volonté, les habiletés de commu-nication, la conscience, l'intelligence/ l'intellect, les aptitudes, compé-tences et habitudes socio-comportementales etc., est une important ressource qui peut être utilisée par le praticien dans son spécifique activité curative, améliorative, intégrative, assistentielle dans la pratique

TRAVAIL SOCIAL HUMANISTE :
La personnalité et les relations humaines
– ressources et valeurs principales de la pratique

du travail social humaniste (Humanistische Akademie, 1998, Stefaroi, 2014).

Par les valences proactives imprimées au comportement le développement et les ressources psychologique-personnelles, la forte personnalité du client représentent ressources essentielles pour sa adaptation et intégration sociale/ professionnelle. Au contraire sa faiblesse, affectation, ou destruction affecte tout sa intégrité et fonctionnalité, et, en conséquence, l'adaptation sociale du client, devenant une contre-ressource, facteurs frénateurs dans l'activité du praticien de ré-habilitation personnelle et de ré-insertion sociale.

10.7. LE CLIENT COLLECTIF

En ce qui concerne le client collectif la théorie humaniste en travail social met en évidence premièrement les *potentialités* et les *ressources* du niveau de la micro-communauté (famille, organisation professionnelle, communauté locale, etc.) et puis ses déficiences, ses désordres, anomalies.

Mais, quand sont évaluées les déficiences, les dysfonctionnements l'accent est mis sur les carences et les troubles de nature socio-*humaine*, culturelle, morale et organisationnelle situées au niveau de la collectivité globale ou au niveau des relations sociale, inter-personnelle etc.

Il est à propos de troubles et déficiences de l'intérieur des micro-groupes/ micro-communautés (familles, organisations, institutions etc.), troubles qui impliquent les relations inter-personnelles d'attachement, les relations affectueuses, les relations compathiques, les practices et les coutumes d'aide réciproque, la solidarité sociale/ humaine de groupe etc.

À cet égard, les problèmes d'adaptation, de communication ou d'intégration des personnes peuvent être interprétées comme un résultat de le sous-développement, des troubles ou des faiblesses des processus et phénomènes interpersonnelles, socio-humaines d'intérieur de la collectivité. Tout, bien entendu, sur le fond et dans le contexte d'évolution

TRAVAIL SOCIAL HUMANISTE :
La personnalité et les relations humaines
– ressources et valeurs principales de la pratique

sociale globale, du développement général de la communauté ou convit la personne.

Le travail d'évaluation est basée sur l'idée positive, appréciatives que le client collectif est une entité, construction socio-humaine très complexe de relations, structures, réalités, practices, coutumes, relations inter-personnelles d'attachement, relations affectueuses etc. – ressources, dans l'activité d'intervention, très importantes pour l'adaptation et l'intégration sociale, pour le développement personnel et humain, mais aussi ressources très importantes de réhabilitation psychologique et socio-comportementale pour les personnes en difficulté, pour résoudre les nombreux problèmes sociaux et humains avec quoi parement les services sociales communautaires (Humanistische Akademie, 1998).

Le changement pour le meilleur du niveau des relations sociales et du niveau de personnes, produira des améliorations, changements qualitatifs impressionnants au niveau de collectivité globale, de la communauté dans son ensemble, impliquant processus d'humanisation à tous les niveaux, éliminant nombreux dysfonctionnements, troubles, problèmes, souffrances; le nouvel environnement créé étant défini par des qualificatifs tels que cohésion socio-humaine, harmonie, solidarité, aide mutuelle, compathie, responsabilité, soin, coopération, humanité etc. Cette collectivité fera imposer, finalement, comme une solution curative pour beaucoup des problèmes et des situations difficiles.

TRAVAIL SOCIAL HUMANISTE :
La personnalité et les relations humaines
– ressources et valeurs principales de la pratique

CHAPITRE 11

LE PROFESSIONNEL

TRAVAIL SOCIAL HUMANISTE :
La personnalité et les relations humaines
– ressources et valeurs principales de la pratique

En fonction du point de vue adopté, ou d'autres critères, la personnalité du professionnel en travail social humaniste peut être abordée par quelques grands paradigmes et théories de la personnalité, parmi lesquels nous notons, principalement, le paradigme humaniste (existentialiste, gestaltiste, spiritualiste/ ontologique, transpersonnel etc.), mais aussi, le paradigme structuraliste, fonctionnaliste et comportementaliste, la théorie psycho-dynamique et analytique, la théorie cognitive et sociale-cognitive.

Le paradigme humaniste, adopté dans ce livre, met en évidence, d'un côté, le contenu ontologique de la personnalité du travailleur social, du praticien en travail social, donnant à la sphère ontologique-spirituelle le rôle étiologique primaire, structurelle, et, de l'autre côté, met en évidence sa dimension existentielle et adaptative - la liberté, la responsabilité, la volonté, mettant l'accent, spécialement, sur le développement psycho-logique-personnel, humain et spirituel, sur l'adaptation sociale par l'utilisation des ressources psycho-spirituelles et psycho-volitives, proactives adaptatives.

Conformément à ces aspects la représentation humaniste de la personnalité du professionnel en travail social, est imposée, en conformément avec la théorie personnologique présentée dans le livre, par deux principaux paradigmes: le *paradigme humaniste-ontologique/ spirituel,* et le *paradigme humaniste-existentiel/ positif.*

11.1. LE PROFESSIONNEL DANS LE TRAVAIL SOCIAL HUMANISTE

Si, en ce qui concerne la représentation du professionnel le travail social traditionnel, basé, théoriquement, axiologiquement et doctrinalement, principalement sur les théories et les valeurs humaniste-traditionalistes concernant la relation entre le bien-être individuel et le bien-être public,

TRAVAIL SOCIAL HUMANISTE :
La personnalité et les relations humaines
– ressources et valeurs principales de la pratique

avec une importante origine et support moral (éthique) et religieuse, met l'accent notamment sur les ressources et les qualités empathique-émotionnelles élémentaires du professionnel, et, d'autre part, en opposition, le travail social structurel/ radical, basé, théoriquement-épistémologiquement et axiologiquement-doctrinalement, principalement sur les théories et les valeurs philosophico-criticistes et radicales concernant les relations entre le bien-être individuel et le bien-être public, met l'accent sur les connaissances et la capacité managériale-organisationnelle du professionnel, le travail social humaniste, soutenu par l'offensive de la psychologie et de la psychothérapie humaniste, promeut une attitude compathique (solidariste) mais aussi proactive sur le professionnel, basée sur les théories humaniste-solidaristes et aussi sur celles qui promeuvent le changement et l'autodétermination dans la pratique du travail social.

Contributions plus concrètes et utiles en ce qui concerne la représentation du professionnel en travail social humaniste apportent la psychologie et la psychothérapie humaniste, qui mettent au premier plan concepts et idées telles que la personnalité *humaine* et forte du professionnel, la responsabilité du professionnel, l'optimisme, la créativité etc.

Donc, la psychologie et psychothérapie humaniste favorisent la repré-sentation du professionnel en travail social par des idées, valeurs et concepts comme :

- la personnalité du professionnel comme ressource importante de la pratique (Rogers, 1959);

- la représentation du professionnel comme être humain concret et complexe, comme personnalité;

- l'émancipation spirituelle, le développement personnel/ humain du professionnel comme source et moyen de développement personnel/ humain et d'autodétermination du client (Frankl, (2012).

TRAVAIL SOCIAL HUMANISTE :
La personnalité et les relations humaines
– ressources et valeurs principales de la pratique

Conformément à la théorie du développement personnel/ social la personnalité et la conduite du professionnel sont abordés comme ressources principales pour croissance et adaptation sociale du client. Le professionnel utilise les valences empathique, proactives, formatives, éducatives et inductives de sa personnalité comme ressource psycho-sociale pour la reconstruction humaine-psychologique de la personnalité du client, comme étape dans le développement personnel et la réhabilitation/ ré-intégration sociale du client.

11.2. LA PERSONNALITÉ DU PROFESSIONNEL

Parce que, dans la pratique courante assistentielle et therapeutique du travail social entre la personnalité du praticien et la personnalité du client est établie une haute congruence (compathie) psychologique-ontologique (émotionnelle, empathique, *humaine*, spirituelle) la culti-vation des valeurs et ressources spirituelles, humaines et eudémonique-altruistes de la personnalité du praticien représente un important concerne théorique- épistémologique dans la théorie et méthodologie humaniste du travail social, spécialement quand est discuté le problème des moyens et des ressources de changement, de la contribution de sa personnalité et de son comportement aux processus du développement humain et personnel, aux processus de réhabilitation psychologique et sociale, aux processus d'intégration sociale et de normalisation du client.

Conformément aux définitions de la personnalité données dans notre livre nous disons que le terme *personnalité du travailleur social* est utilisé principalement pour désigner l'ensemble de caractéristiques constantes, biopsychologiques et socio-comportementales qui mettent en évidence, avec préférence, les aspects de l'unité du comportement dans des situations et contextes socio-humains différentes, et de la domi-nation/ consistance de certains caractéristiques, spécialement de la sphère du tempérament et du caractère.

En fonction du point de vue adopté, ou d'autres critères, la personnalité du travailleur social peut être abordé par quelques grands paradigmes et

TRAVAIL SOCIAL HUMANISTE :
La personnalité et les relations humaines
– ressources et valeurs principales de la pratique

théories de la personnalité, parmi lequel nous notons, principalement, le paradigme humaniste (existentialiste, gestaltiste, spiritualiste, transpersonnel etc.), mais aussi, le paradigme structuraliste, fonctionnaliste, comportementaliste, la théorie psycho-dynamique et analytique, et la théorie cognitive et sociale-cognitive.

Le paradigme humaniste met en évidence, d'un côté, le contenu ontologique-spirituel de la personnalité du travailleur social, du praticien en travail social, donnant à la sphère ontologique-spirituelle le rôle étiologique primaire, constitutionnel, et, de l'autre côte, met en évidence sa dimension existentielle et adaptative – la responsabilité et la liberté, la volonté, le bonheur, la vertu, l'altruisme, mettant l'accent, spécialement, sur le développement personnel, humain et spirituel (Frankl, 2012), sur l'efficacité professionnelle obtenue par l'utilisation de son ressources psycho-spirituelles et psycho-volitives.

Conformément à ces aspects la représentation humaniste de la personnalité du travailleur social, du praticien du travail social, est imposée, en conformément avec la théorie personnologique présentée dans le livre, par deux principaux paradigmes: le *paradigme humaniste-ontologique,* et le *paradigme humaniste-positif.*

Donc, en conformément avec la théorie personnologique la représentation théorétique de la personnalité du praticien du travail social implique l'incorporation des connaissances, des idées, des théories spécialement de la psychologie, mais aussi de la sociologie, la philosophie, l'anthropologie, et d'autres sciences et domaines, développant, par conséquent, une perspective multi-disciplinaire et inter-disciplinaire.

Ce qui différencie et caractérise, entre autres choses, la représentation personnologique de la personnalité du praticien en travail social par rapport à la psychologie c'est la concentration sur la « personne » du praticien comme un *ensemble*, comme un système complexe, multidimensionnelle et émergent. Aussi, ce qui différencie et caractérise, entre autres choses, la représentation personnologique de la personne du praticien, du travailleur social, c'est son approche comme homme, ego,

TRAVAIL SOCIAL HUMANISTE :
La personnalité et les relations humaines
– ressources et valeurs principales de la pratique

comme individu, individualité et personnalité, au-delà de sa représentation professionnelle-institutionnelle.

Dans le présent livre nous parlons d'une personnologie *humaniste* et d'une théorie *humaniste* du travail social, et, en conséquence, sur la représentation *humaniste* de la personnalité du travailleur social qui est réalisée par l'opposition au paradigme structuro-fonctionnaliste de la personne et de la personnalité où la personne est, nomologiquement, représentée comme un simple individu, comme un simple élément dans la «machinerie» sociale-institutionnelle, subordonné aux structures et processus de groupe, communauté, société, etc., plaçant dans le deuxième plan sa subjectivité, l'ego, l'âme, sa l'ontologie particulière comme existence, comme étant, comme unicité, comme destin, comme homme.

Au contraire, donc, dans la perspective de la personnologie humaniste la personnalité/ la personne du praticien du travail social est reflétée d'une manière complexe et idiothétique, incorporant connaissances, idées, théories de la sphère humaniste-existentielle de la pensée/ philosophie et culture, incorporant connaissances, idées, théories de la psychologie humaniste, de la sociologie humaniste, et d'autres disciplines, sciences, domaines, et pratiques d'orientation humaniste, existentialiste, et spiritualiste, développant un modèle, une perspective multi-disciplinaire, inter-disciplinaire et *profonde humaine et spirituelle*.

La personnologie humaniste, comme science humaniste de la personne concrète, peut étudie la personnalité, la personne de praticien à partir des points de vues: ontogénétique - facteurs et façon de former; structurelle – structure, organisation interne, composition, et fonctionnelle – fonctionnement, dynamique, interaction, etc., avec des moyens, des méthodes de la psychologie humaniste, de la sociologie humaniste, de la philosophie existentialiste, de la philosophie spiritualiste, de l'anthropologie culturelle etc. (Stefaroi, 2015).

En accordance avec la théorie personologique présentée dans la livre la personnalité humaine du travailler social comprend au moins les sous-domaines suivants ou peut être abordée sous les angles suivants: la sphère/ perspective psychologique-ontologique, la sphère/ perspective

TRAVAIL SOCIAL HUMANISTE :
La personnalité et les relations humaines
– ressources et valeurs principales de la pratique

motivationnelle, la sphère/ perspective prosociale, axiologique-moral, et la sphère, perspective praxéologique. La sphère psychologique-ontologique de la personnalité *humaine* du praticien comprend, principalement, trois majeure onto-formations: l'âme *(humaine),* l'ego *humain et* le caractère *humain,* composants de base de la personnalité *humaine/ spirituelle* du professionnel.

11.3. LA PERSONNALITÉ *HUMAINE* DU PROFESSIONNEL

Du point de vue de la personnologie humaniste-ontologique la représentation de la personnalité du professionnel (humaniste) implique la concentration sur des concepts, paradigmes et questions telles que personnalité *humaine,* développement *humain,* spiritualité, âme, soi/ ego *humain,* altruisme, empathie méthodes qualitatives de representation, introspection, émergence, imergence, transmergence, telegence, con-mergence, sinmergence dans sa structure, fonctionnalité et formation etc.

Le terme essentiel dans la représentation humaniste-ontologique de la personnalité du professionnel en travail social humaniste c'est la *personnalité humaine* - un ensemble des formations de la personnalité globale du praticien, comme l'âme, l'ego *humain,* la conscience *humaine,* le caractère *humain,* et d'autres - sources structurales onto-psycholo-giques, spirituelles, et intellectuelles des qualités et conduites *humaines* et spirituelles du professionnel, ainsi que l'orientation, la qualité « humaniste », la valence, la dimension *humaine* générale de la personnalité globale du praticien, l'ensemble des caractéristiques et ressources constantes, bio-psychologiques et socio-comportementales, spirituelles et *humaines,* qui mettent en évidence, avec préférence, les aspects d'unité du comportement du professionnel dans des situations et contextes socio-*humaines* différentes, et de la domination/ consistance des certains caractéristiques et ressources *humaines,* spirituelles, trans-humaines etc.

Ce qui signifie, affirme, impose comme traits cardinaux de personnalité du professionnel la bonté, la bienveillance, l'altruisme, la personnalité

TRAVAIL SOCIAL HUMANISTE :
La personnalité et les relations humaines
– ressources et valeurs principales de la pratique

ouverte à la jouissance générale de l'humanité, sensibilité accrue à la souffrance/ tragédie de l'autre - lui-même, mais aussi ressource émergente de l'autonomisation, du bien-être et bonheur pour les gens de l'ambiance. Les deux définitions étant des fondations et des explications des qualités humaines et spirituelles du professionnel, de son comportement prosocial, *humaine*, altruiste dans la pratique du travail social humaniste.

Par conséquent, le sens complexe et complète de la notion personnalité *humaine* du professionnel dans le travail social humaniste comprend les deux approches, causant valences supérieures (qualités/ ressources) de la personnalité/ conduite du praticien tels que spiritualité, vertu, humanité, bonheur authentique, etc. Bien sûr, la source principale, ontologique-psychologique, c'est l'âme du praticien, mais aussi l'ego humain ou le caractère humain.

En conformité avec l'acceptation générique qui nous avons donnée au concept d'âme dans le papier nous disons que l'âme du praticien du travail social humaniste c'est moins quelque chose métaphysique, bien que, probablement, elle à et de telles dimensions ou interférences, mais une entité/ instance/ formation spirituelle-objective très profonde et complexe de sa personnalité, à côte du corps, de l'ego, de la conscience, du caractère ou de l'intellect, représentant, dans ce contexte, ce qu'on pourrait appeler *le lieu ou la source de ses sentiments, d'émotions sociales et spirituelles, en particulier <u>humaines.</u>*

En fonction de leur nature, localisation ou source on peut parler de sous-sphères de l'âme du praticien comme *l'âme affective (sociale), l'âme spirituelle, l'âme <u>humaine</u>*, etc. Chacun des sphères de l'âme ayant des fonctions/ rôles spécifiques:

➤ l'âme affective (sociale) déterminant la sensibilité sociale et l'empathie inter-personale/ contingente, l'attachments du praticien,

➤ l'âme spirituelle déterminant la richesse spirituelle et la vertu du praticien, et

TRAVAIL SOCIAL HUMANISTE :
La personnalité et les relations humaines
– ressources et valeurs principales de la pratique

> ➢ l'âme *humaine* déterminant la générosité, l'altruisme désintéressé, l'empathie/ compathie et l'humanité du praticien (Stefaroi, 2014).

Dans la pratique du travail social humaniste est plus qu'évident la nécessité de prioriser le développement de cette sphère de la personnalité du professionnel. Qualités et conduites humaines clé dans l'activité des professionnels, d'évaluation et d'intervention, avec les bénéficiaires, telles que l'empathie/ compathie, l'agréabilité, la tolérance, et plus, sont générées, en grande partie, par l'existence et la manifestation de l'âme *humaine*. Tout, bien entendu, sur le fond et dans le contexte de l'évolution spirituelle globale, du développement personale/ humain/ psychosocial global du praticien (Humanistische Akademie, 1998).

L'ego *humain* est, à côté de l'âme spirituelle et l'âme *humaine*, l'un des plus importants réservoirs et trésors de spiritualité et humanisme de la personnalité du professionnel, qui contribue, conduit, finalement, aussi à l'établissement du système de croyances personnelles et convictions personnelles *humaines* assumées, des conduites morales, *humaines*, à la formation et à l'établissement des sentiments moraux/ humains/ prosociaux du professionnel.

Essentiellement, le contenu ontologique-noétique, psychologique, de l'ego *humain* du professionnel est soutenu par affirmations, modèles/ patterns perceptive-attitudinale comme:

- Le bien commun est également mon bon;
- Je suis un bon homme;
- Je suis désintéressé, généreux;
- Je suis perçu comme un professionnel altruiste;
- J'ai traits dominants et conduites telles que la tolérance, la compassion, l'humanité;
- Je suis heureux par le bonheur des clients;
- Je veux aider, être utile, etc.

TRAVAIL SOCIAL HUMANISTE :
La personnalité et les relations humaines
– ressources et valeurs principales de la pratique

En ce qui concerne le rôle du caractère *humain* du professionnel, sa formation et établissement comme formation structurelle de sa personnalité va conduire, avec la contribution de la conscience *humaine*, à la métamorphose des ressources *humaines* et spirituelles émotionnelles en attitudes et comportements « humanistes », prosociales, altruistes dans l'activité professionnelle, ou se manifeste comme une structure expressément orientée vers la jouissance du client, caractère *humain* qui, par l'intermédiaire du système de compétences, capacités et habitudes prosociales/ humaines, est reflété dans la conduite professionnelle comme une ressource pour l'épanouissement socio-humain et personnel, pour la récupération, la réhabilitation ou l'atténuation de la souffrance du client.

11.4. LA FORTE PERSONNALITÉ DU PROFESSIONNEL

La représentation de la forte personnalité du professionnel en travail social humaniste implique la concentration sur des concepts, paradigmes et questions telles que développement personnel, niveau élevé d'auto-contrôle, espoir et optimisme, pleine conscience, niveau élevé de résilience, auto-détermination, efficacité professionnelle, force de caractère, persévérance, créativité, intelligence émotionnelle, sens à la vie et engagement vers un but, succès, performance, réalisation professionnelle etc.

Quand nous parlons de forte personnalité du professionnel nous faisons référence spécialement à un ensemble des formations comme l'ego personnel, la conscience (professionnelle), les aptitudes, les compétences et les habitudes socio-comportementales/ professionnelles - sources constitutionnelles-structurales psychologiques et intellectuelles des qualités et comportements orientées vers action et succès du professionnel humaniste en travail social.

Cette représentation se concentre, spécialement, sur le développement personnel du praticien par l'utilisation des ressources psycho-volitives et adaptatives, mettant en évidence, essentiellement, le dimension exis-

TRAVAIL SOCIAL HUMANISTE :
La personnalité et les relations humaines
– ressources et valeurs principales de la pratique

tentiel et adaptative, la liberté et la volonté en contextes professionnels complexes.

Donc, le paradigme privilégie traits de personnalité et qualités comportementales comme l'optimisme, l'énergie, le libre arbitre, la liberté, l'autonomie, la détermination, l'espoir, l'activité, la conscience proactive, la responsabilité, le développement personnel, l'adaptabilité sociale, l'assertivité, la résilience etc.

Un professionnel avec une *forte* personnalité, sera, en conséquence, caractérisé aussi par des traits de personnalité tels que haut degré de développement personnel, haut degré de développement inter-personnel, haut degré de développement social, volonté puissante, résistance à l'échec et les frustrations, professionnalisme, autonomie personnelle/ sociale, maturité, adaptabilité, haut degré de contrôle des émotions, intelligence émotionnelle, réalisme et équilibre etc. (Maslow, 1993).

Les instances psychique les plus importants de la forte personnalité du professionnel en travail social humaniste sont l'ego personnel (professionnel) et la conscience (professionnelle).

L'ego personnel du professionnel est une synthèse des formations et structures ontologique-subjectives et psychologique-intellectuelles constitutionnellement orientée vers le bien, la continuité, et l'affirmation du professionnel, mais ces intérêts et objectifs s'imposent, existentiellement, seulement par référence à l'environnement social (professionnel), à la communauté, à la société, aux valeurs (professionnelles). Son faiblesse, affectation, ou destruction peut affectée tout la construction de sa personnalité, son intégrité et fonctionnalité, et, en conséquence, l'adaptation/ l'efficacité professionnelle du praticien.

La conscience (professionnelle) du professionnel est une instance psychologique, intellectuel et axiologique supérieure, une construction psychologique-personnelle holistique-structurelle où sont débattues et construits les systèmes des valeurs, les conceptions vers le lui-même, le monde, les gens, le travail, la société etc., le lieu des idéaux et des croyances fortes du professionnel.

TRAVAIL SOCIAL HUMANISTE :
La personnalité et les relations humaines
– ressources et valeurs principales de la pratique

11.5. LE DÉVELOPPEMENT/ LES RESSOURCES HUMAINES ET SPIRITUELLES DU PROFESSIONNEL

En travail social humaniste on considère que le niveau haut de développement humain et spirituel du professionnel est un facteur crucial d'efficacité dans ses objectifs spécifiques, notamment ceux qui impliquent le bien-être psychologique-émotionnel, l'empowerment et l'acquisition d'autonomie psychologique-sociale du client.

Un niveau élevé de développement *humain* et spirituel du professionnel implique principalement une degré élevé d'humanisme, d'empathie, de spiritualité, de bonheur, de gentillesse, de tolérance, de bienveillance et philanthropie etc. (Austin, 2013)

Donc, principalement, le développement humain et spirituel du professionnel faits saillants traits de personnalité et comportement tels que altruisme, empathie, spiritualité, bonheur, sensibilité esthétique, gentillesse, émotion, bienveillance, hospitalité, patience, tendresse, tolérance, compréhension, amabilité, bienfaisance, amour, charité, clémence, délicatesse, serviabilité, indulgence etc.

Par conséquent, dans le travail social humaniste on peut parler de développement *humain* et spirituel du professionnel seulement dans la mesure où son valeurs, paramètres se situent à des niveaux élevés et se consacres ainsi comme traits proéminents de personnalité et conduite.

Certaines de ces traits peuvent avoir des origines génétiques, congénitales, étant déterminés biologic-tempéramental, mais de haut, cohérente et authentique développement humain et spirituel du professionnel n'on peut pas parler que après sa personnalité a parcouru un long processus d'humanisation, de spiritualisation et de culturalisation, processus dans lequel rôles fondamentaux ont la famille et l'école primaire. Les valences professionnelles de ces traits seront mis en évidence mais après la scolarisation supérieure, la formation professionnelle, et après ont été parcourues plusieurs étapes dans la pratique avec les clients.

TRAVAIL SOCIAL HUMANISTE :
La personnalité et les relations humaines
– ressources et valeurs principales de la pratique

Donc, ces traits, presque tous, sont produits de l'inculturation, l'éducation, la modélisation par des exemples/ modèles ou des pratiques de type prosocial tels que l'habitude d'aider les personnes défavorisées, d'éducation des enfants par l'exemple personnel, de gérer les communautés en respectant les principes de la dignité personnelle et leurs besoins concrets.

11.6. LE DÉVELOPPEMENT/ LES RESSOURCES PSYCHOLOGIQUE-PERSONNELLES (INSTRUMENTALES) DU PROFESSIONNEL

Dans le travail social humaniste on peut parler de développement et ressources psychologique-personnelles et comportemental-instrumentales du professionnel seulement dans la mesure où son valeurs, paramètres se situent à des niveaux élevés et se consacre ainsi comme traits proéminents de personnalité et conduite (professionnelle). Nous faisons référence essentiellement à traits comme :

- niveaux élevé d'autonomie sociale et professionnelle, de développement inter-personnel ;
- personnalité mature, adaptabilité ;
- haut degré de conscience, de connaissance de soi, d'estime de soi ;
- efficacité personnelle, sociale et professionnelle ;
- bien-être psychologique, émotionnel, bonheur ;
- intelligence émotionnelle ;
- réalisme et l'équilibre ;
- volonté puissante ;
- optimisme, la pensée proactive ;
- hautes compétences instrumentale professionnelles etc. (Allport, 1961).

Aussi, comme dans le cas du développement et traits humains et spirituels, certaines de traits psychologique-personnel et comportemental-instrumentales du professionnel peuvent avoir des origines génétiques, congénitales, étant déterminés biologique-tempéramental,

TRAVAIL SOCIAL HUMANISTE :
La personnalité et les relations humaines
– ressources et valeurs principales de la pratique

mais de haut, cohérente et authentique développement psychologique-personnel et comportemental-instrumentales du professionnel n'on peut pas parler que après sa personnalité a parcouru un long processus de développent psychologique, inter-personnel et social, processus dans lequel rôles fondamentaux ont la famille et l'école primaire, mais les valences professionnels de ces traits seront mis en évidence mais après ont été parcourue plusieurs étapes dans la pratique avec les clients.

En travail social humaniste nous parlons de développement et de compétences psychologique-personnelles profondes, de compétences de communication et comportement professionnel manifestées non seulement par le langage verbal-logique mais aussi par le langage corporel et gestuelle, etc., et aussi de compétences profondes intellectuelles, émotionnelles, volitionnelles de soutenir et maintenir le comportement professionnel efficient du praticien (Payne, 2011; Humanistische Akademie, 1998).

TRAVAIL SOCIAL HUMANISTE :
La personnalité et les relations humaines
– ressources et valeurs principales de la pratique

CHAPITRE 12

LES RESSOURCES DU CLIENT ET LES RESSOURCES DU PROFESSIONNEL DANS LA PRATIQUE DU TRAVAIL SOCIAL HUMANISTE

TRAVAIL SOCIAL HUMANISTE :
La personnalité et les relations humaines
– ressources et valeurs principales de la pratique

Comme il a été souligné dans le livre, parce que, dans la pratique courante, assistentielle et thérapeutique, du travail social, entre la personnalité du praticien et la personnalité du client est établie une haute congruence (compathie) psychologique-ontologique (émotionnelle, empathique, *humaine*, spirituelle) la promotion des valeurs et ressources spirituelles, humaines et psychologique-personnelles de la personnalité du praticien, mais aussi du client, représente une importante concerne théorique-épistémologique - thème abordée, avec prédilection, dans le cadre de la théorie et méthodologie *humaniste* du travail social.

Dans la pratique courante de travail social humaniste sont impliquées valeurs, principes et ressources cruciales comme la personnalité concrète, unique, humane, spirituelle et psychologique-personnelle du client et du professionnel, les relations humaines concrètes, uniques, humaines, culturelles, organisationnelles, le développement personnel et humain des clients et des professionnels, le développement humain et culturel de la communauté etc.

La personnalité en soi, le développement humain, spirituel et psycho-logique-personnel du client et du professionnel ne sont pas, automatiquement, également ressources du processus d'intervention à moins que elles sont identifiées, évaluées et gérées en manière intelligent et professionnel en tant que telles.

Bien que, en général, nous parlons de ressources humaines, spirituelles et psychologique-personnelles du client et du professionnel, en effet, dans le processus d'évaluation et intervention devrions considérer que nous parlons en particulier, par exemple, des ressources de l'enfant en difficulté, des ressources de la personne avec handicap, des ressources de la personnes âgées dans besoin etc., des ressources du travailleur social, du psychologue, du soignant etc., aussi bien que des ressources strictement individuelles, associées aux structures uniques de perso-nnalité ou relations humains (de la communauté).

A cet égard, pour chaque catégorie de personnes impliquées dans le processus récupératif/ thérapeutique, en travail social humaniste, devrait mettre en évidence et impliquées dans le processus les dimensions, valences, côtes de la personnalité ou des relations hu-maines qui sont compatibles avec les objectifs (humanistes) établies, avec les méthodes et les techniques spécifiques utilisées, etc.

TRAVAIL SOCIAL HUMANISTE :
La personnalité et les relations humaines
– ressources et valeurs principales de la pratique

12.1. LES RESSOURCES DU CLIENT DANS LA PRATIQUE DU TRAVAIL SOCIAL HUMANISTE

L'objecte de la pratique, le client, en général, est représenté, dans la vision des lignes directrices thérapeutiques humanistes (l'orientation existentielle, la gestalt-thérapie, l'art-thérapie, la thérapie expérientielle, la thérapie centrée sur le client, l'analyse transactionnelle, la thérapie adlérienne, la thérapie transpersonnelle/ spirituelle etc.) comme une ressource en soi de développement personnel/ humain et intégration sociale, simplement par la condition sa existence et fonctionnement de la personnalité (Maslow, 1970).

Aussi, dans la pratique du travail sociale humaniste le client est représenté comme ressource en soi de récupération d'intégration sociale par sa qualité de l'être humain, personne et personnalité complexe qui vit dans un contexte socio-humain particulier complexe, dans des organisations et des communautés humaines avec caractéristiques socio-humaines déterminées, au-delà des régularités de l'organisation et fonctionnement sociale objectif, des réflexions sociologique et scientifique abstraits, généralisants.

Donc, la pratique du travail sociale humaniste commencé à partir du *principe-value* que le destinataire des services d'assistance sociale a, naturellement, par sa personnalité, les ressources pour le bonheur et l'épanouissement, les capacités de base du développement personnel et social, d'intégration sociale autonome et efficace (Payne, 2011).

Mais, comme il a été affirmé, bien que, en général, nous parlons de ressources humaines, spirituelles et psychologique-personnelles du client, en effet, dans le processus d'évaluation et intervention devrions considérer que nous parlons en particulier, par exemple, de ressources de l'enfant en difficulté, de ressources de la personne avec handicap, de ressources de la personne âgées dans besoin etc., de ressources des personnes sans emploi etc., et chaque catégorie de personnes impliquées dans le processus récupératif/ thérapeutique devrait mettre en évidence et impliquées dans le processus les dimensions, valences de la personnalité ou des relations humaines qui sont compatibles avec les objectifs (humanistes) établies de la pratique.

Par exemple, lorsque l'on vise l'augmentation de la résilience, de la capacité d'adaptation et d'intégration sociale du client il est efficace à

TRAVAIL SOCIAL HUMANISTE :
La personnalité et les relations humaines
– ressources et valeurs principales de la pratique

engager dans le processus d'intervention les ressources de son forte personnalité, par le développement psychologique-personnelle et instrumental-comportemental, et, lorsque l'on vise la réhabilitation *humaine* et le bonheur du client il est recommandée l'exploitation des ressources de la personnalité humaine et spirituelle, des relations humaines et culturelles du client.

12.2. LES RESSOURCES, QUALITÉS ET CONDUITES DU PROFESSIONNEL DANS LA PRATIQUE DU TRAVAIL SOCIAL HUMANISTE

Comme il a été affirmé au début de ce chapitre la personnalité en soi, le développement humain, spirituel et psychologique-personnel du professionnel ne sont pas, automatiquement, aussi bien ressources du professionnel dans le processus d'intervention. Bien que, en général, nous parlons de ressources humaines, spirituelles et psychologique-personnelles du professionnel, en effet, dans le processus d'évaluation et intervention devrions considérer que nous parlons en particulier, par exemple, de ressources des travailleur social, des psychologue, des soignant etc., aussi bien que des ressources strictement individuelles du professionnel, associées aux structures uniques sa personnalité, *humaine* et forte.

Pour chaque catégorie de professionnels impliqués dans le processus récupératif/ thérapeutique, en travail social humaniste, devrait mettre en évidence et impliquées dans le processus les dimensions, valences de la personnalité qui sont compatibles avec les méthodes et les techniques (humanistes) spécifiques utilisées, avec les objectifs (humanistes) établies (Dominelli, 2002; Humanistische Akademie. 1998).

Aussi, quand nous parlons de ressources humaines, spirituelles et psychologique-personnelles du professionnel, lorsque l'on vise l'augmentation de la résilience, de la capacité d'adaptation et d'intégration sociale du client il est efficace à engager dans le processus d'intervention les ressources de la forte personnalité du professionnel, et, lorsque l'on vise la ré-habilitation humaine et le bonheur du client, il est recommandé l'exploitation des ressources de la personnalité humaine et spirituelle du professionnel (Stefaroi, 2014).

TRAVAIL SOCIAL HUMANISTE :
La personnalité et les relations humaines
– ressources et valeurs principales de la pratique

12.3. LES RESSOURCES DU CLIENT ET LES RESSOURCES DU PROFESSIONNEL DANS LE PROCESSUS ASSISTENTIEL/ D'INTERVENTION

Comme cela a été également souligné dans le livre, parce que, dans la pratique courante, assistentielle et therapeutique, du travail social, entre la personnalité du praticien et la personnalité du client est établie une haute congruence (compathie) psychologique-ontologique (émotionnelle, empathique, *humaine*, spirituelle) la promotion des valeurs et ressources spirituelles, humaines et psychologique-personnelles de la personnalité du praticien, mais aussi du client, représente une importante préoccupation théorique-épistémologique - thème abordée, avec pré-dilection, dans le cadre de la théorie et la méthodologie humaniste du travail social.

Le rôle des professionnels est de donner aux clients, inclusivement par les ressources et les qualités de leurs propres personnalités, le cadre et l'occasion socio-humaine et spirituelle de valoriser, en manière digne, les ressources psychologique-spirituelles, morales, comportementales des clients.

A cet effet, les valeurs, principes et ressources cruciales qui sont impli-quées dans les processus d'évaluation et d'intervention, dans l'inte-raction assistancielle/ thérapeutique avec le clients seraient:

- La personnalité concrète, unique, humaine, spirituelle et psychologique-personnelle du client;

- La personnalité concrète, unique, humaine, spirituelle et psychologique-personnelle du professionnel;

- Les relations humaines concrètes, uniques, humaines, culturelles, organisationnelles du client;

- Le développement personnel et humain des clients et l'obtention de l'autonomie (Payne, 2011);

- Le développement humain et culturel de la communauté;

- Flexibilité méthodologique (Payne, 2011);

- L'humanisme, l'empathie/ compathie, la compréhension (Payne, 2011);

TRAVAIL SOCIAL HUMANISTE :
La personnalité et les relations humaines
– ressources et valeurs principales de la pratique

- La franchise, la discipline;

- Faire le bien, le respect pour la vie, la loyauté, la coopération, la solidarité;

- Responsabilité;

- Courtoisie, esprit démocratique, bonté, inquiétude, compassion:

- Incorruptibilité, le respect des droits de l'homme:

- Non-violence;

- Le respect de soi, le bonheur, le contentement;

- La vérité, l'amour;

- Spiritualité (Humanistische Akademie, 1998);

- Intégrité, non-discrimination, honnêteté;

- Motivation altruiste (Stefaroi, 2013);

- La connaissance de soi, la concentration, la méditation, le contrôle de soi, la tempérance (Humanistische Akademie. 1998);

- La douceur, le respect, la débrouillardise, la circonspection (Dominelli, 2002), etc.

Essentiellement, le but principal de l'activité du professionnel est qu'à exploiter, partant de sa personnalité concrète et unique et les systèmes complexes des relations sociales et humaines, les ressources d'humanisme et de spiritualité du client afin de récupération, bonheur, d'autonomisation et de réinsertion sociale. (p. 168)

TRAVAIL SOCIAL HUMANISTE :
La personnalité et les relations humaines
– ressources et valeurs principales de la pratique

PARTIE V

LA PERSONNALITÉ ET LES RELATIONS HUMAINES COMME RESSOURCES ET VALEURS PRINCIPALES DANS LA MÉTHODOLOGIE, LA GESTION ET LA PRATIQUE DU TRAVAIL SOCIAL HUMANISTE

TRAVAIL SOCIAL HUMANISTE :
La personnalité et les relations humaines
– ressources et valeurs principales de la pratique

TRAVAIL SOCIAL HUMANISTE :
La personnalité et les relations humaines
– ressources et valeurs principales de la pratique

RÉSUMÉ

Dans cette dernière grande partie du livre est approchée et présentée la façon dont la personnalité, les relations humaines et la micro-communauté se retrouvent et sont utilisées comme ressources et valeurs de base de la méthodologie, de la gestion et de la pratique effective du travail social humaniste.

Les méthodes de la psychothérapie humaniste apportent dans la pratique du travail social humaniste les principes de la réhabilitation (intégration sociale/ humaine) par la concentration sur les besoins et les sentiments uniques du client, par le développement personnel, humain et spirituel. L'idée de base est de prendre sérieusement en considération la personnalité concrète et unique, les sentiments uniques des clients, parce que celles sont la base pour aider, par la découverte des ressources internes de la personnalité - idée très utile en travail social, d'autant plus en travail social humaniste. *Les méthodes appréciatives* promeuvent, comme l'objectif, mais également comme principale stratégie, la résolution des problèmes sociaux/ humains du client par l'appréciation, la connaissance et la croissance des attentes optimistes, positives du travailleur social et du client relatives à l'évolution de la personnalité du client, du problème, et relatives à l'évolution des résultats de l'activité d'intervention.

L'activité de *planification et gestion* de la pratique du travail social humaniste met à la base, comme *valeur* fondamentale, la représentation et l'approche des clients comme *êtres humains*, avec âme, avec sentiments, souffrances, avec besoins spirituelles et eudémoniques, vivant en relations et organisations humaines très complexes, comme personnalités, avec ego, volonté, liberté et ressources internes pour la réhabilitation et la reconquête de l'autonomie, et pas seulement comme simples éléments dysfonctionnels dans l'organisations sociales.

Le travail social humaniste utilise *les pratiques fondées sur les preuves* pour comprendre et adresser, scientifiquement et expérimentalement, la personnalité, du client et praticien, les relations et les

TRAVAIL SOCIAL HUMANISTE :
La personnalité et les relations humaines
– ressources et valeurs principales de la pratique

comportements humains, le développement humain, les problèmes sociaux, les situations de difficulté des clients.

Dans la pratique du travail social humaniste **le soin** (de la personnalité) **est plus important que l'aide**. Il est à propos d'un soin holistique et humaniste, qui comprend la personnalité et la spiritualité, non seulement les sphères physiques et émotionnelles primaires de la personnalité.

La pratique en travail social humaniste favorise **le placement** de la personne séparée de la famille naturelle dans les familles de substitution, dans les familles élargies, les voisins, et spécialement l'adoption. Du point de vue de l'axiologie du travail social humaniste le rôle des services sociaux, des travailleurs sociaux, des psychologues et des travailleurs sociaux devrait être de chercher compatibilités pas seulement «psychologique-sociométrique» mais aussi «ontologiques», «*humaines*» et «spirituelles».

Le travail social clinique humaniste favorise la relation d'égalité entre le praticien et le client, et augmentent le rôle de la personnalité et des processus affectifs, compathiques dans la relation d'intervention. Les méthodes et les pratiques humanistes apportent dans le travail social clinique les principes de réhabilitation par la concentration sur les besoins et les sentiments concrets du client, par le développement de sa personnalité unique et complexe.

La personnalité (du client et du professionnel), les qualités psychologique-spirituelles et psychologique-personnelles, les relations humaines (inter-personnelles, de groupe etc.) représentent les moyens, les ressources essentielles qui peuvent faciliter le changement, peuvent d'humaniser les relations sociales en difficulté, les micro-communautés dysfonctionnelles, déshumanisées, les gens endommagés sur le plan humain, moral, psychologique, les gens en difficulté, en souffrance, en conflit etc.

TRAVAIL SOCIAL HUMANISTE :
La personnalité et les relations humaines
– ressources et valeurs principales de la pratique

CHAPITRE 13

LA PERSONNALITÉ ET LES RELATIONS HUMAINES COMME RESSOURCES ET VALEURS DANS LA MÉTHODOLOGIE DU TRAVAIL SOCIAL HUMANISTE

TRAVAIL SOCIAL HUMANISTE :
La personnalité et les relations humaines
– ressources et valeurs principales de la pratique

La méthodologie *casework* humaniste, les méthodes adoptées/ adaptées de la psychothérapie humaniste et les méthodes appréciatives sont basées fortement sur des ressources et des valeurs telles que la personnalité et les relations humaines.

À cet égard, la méthodologie humaniste du travail social implique l'aspect que le rôle principal du professionnel est de contribuer, avec les ressources de sa personnalité, de ses qualités et comportements, au changement et à la transformation de la personnalité déshumanisée et faible/ vulnérables du client en personnalité *humaine* et forte/ développée/ fonctionnelle.

En ce sens, l'idée de base des *méthodes humanistes* c'est de prendre sérieusement en considération la personnalité concrète et unique, les sentiments des clients, parce que ceux-ci sont la base pour aider, par trouver les ressources internes de la personnalité - idée très utile aussi en travail social, d'autant plus en travail social humaniste.

Ces méthodes se concentrent, en particulier, sur l'autodétermination, libre volonté et la recherche de sens, impliquant la réalisation de la convergence entre la personnalité, conscience, l'expérience et le comportement, "entre la figure et le fond", promouvant comme l'objectif, mais également comme principale stratégie, la résolution des problèmes sociaux/ humains du client par l'appréciation, la connaissance et la croissance des attentes optimistes, positives du travailleur social et du client relatives à l'évolution de la personnalité du client, du problème, et relatives à l'évolution des résultats de l'activité de intervention, basée sur l'exploitation des ressources de la personnalité et des relations humaines.

13.1. LA SPÉCIFICITÉ MÉTHODOLOGIQUE

La méthodologie du travail social humaniste est essentiellement de type qualitatif, basée principalement sur la recherche qualitative et interprétative dans les domaines des sciences et pratiques sociales et humaines.

Comme on l'a également souligné dans le livre, car les relations et les phénomènes socio-humains complexes, la personnalité, l'expérience humaine ne peut pas être facilement et rigoureusement étudiés la

TRAVAIL SOCIAL HUMANISTE :
La personnalité et les relations humaines
– ressources et valeurs principales de la pratique

méthodologie du travail social humaniste est forcée de faire appel souvent aux méthodes qualitatives, narratives, analytiques, interprétatives ou phénoménologiques, même si elles n'ont pas la rigueur technologique de ceux de type positif (Payne, 2011).

D'une grande importance dans la méthodologie du travail social humaniste, incluant dans la question concernant le rôle de la personnalité et des relations humaines comme valeurs et ressources principales de la pratique, est donc l'aspect qui vise la spécificité de la recherche, d'ou dérivent aussi les particularités des méthodes utilisées, de l'activité du professionnels/ services d'évaluation et d'intervention basées sur ses résultats (Dominelli, 2002; Humanistische Akademie. 1998). Ces résultats des recherches sont utilisées par les professionnels et les services dans les méthodes et les techniques courantes de travail social avec les clients, en particulier dans la méthodologie *casework* humaniste, dans les méthodes appréciatives, dans les méthodes adoptées/ adaptées de la psychothérapie humaniste etc.

13.2. LA MÉTHODOLOGIE *CASEWORK* HUMANISTE

Dans son activité *casework* humaniste, par son personnalité humaine et forte, le professionnel peut contribue crucialement à la réalisation des objectifs humanistes établis, essentiellement ceux-ci concernent le bien-être humain et spirituel du client, la réduction des souffrances et des angoisses, mais aussi ceux-ci concernent l'empowerment, l'autonomisation, l'intégration et l'adaptation socio-humaine dans la collectivité où le client vit.

À cet égard, le rôle principal du professionnel est de contribuer, avec les ressources de sa personnalité, de ses qualités et comportements, au changement et à la transformation de la personnalité déshumanisée et faible/ vulnérables du client en personnalité *humaine* et forte/ développée.

Dans le *casework* humaniste l'efficience est haut surtout quand on considère la relation récupérative directe entre le professionnel et le client (Horner & Kindred, 1997). Spécialement par la capacité et les ressources empathiques de son personnalité le professionnel (travailleur social, personnel soignant etc.) acquiert accès à la personnalité et l'expérience psychologique/ sociale du client et, aussi, acquiert une

TRAVAIL SOCIAL HUMANISTE :
La personnalité et les relations humaines
– ressources et valeurs principales de la pratique

méthode, un moyen efficace de changement/ réhabilitation/ empowerment psychologique et sociale.

Ceci est une des raisons pour laquelle l'humanité, la spiritualité et la force/ le caractère du professionnel deviennent, dans le *casework* humaniste, en travail social humaniste, importantes sources de changement, d'efficacité et d'accomplissement des objectifs humanistes assumées, de changement psychologique et social, de réhabilitation et empowerment des personnes vulnérables, dans le besoin ou la souffrance, des clients.

13.3. LES MÉTHODES ADOPTÉES/ ADAPTÉES DE LA PSYCHOTHÉRAPIE HUMANISTE

Incluant aussi bien les méthodes de dessous (les méthodes centrées sur la personne/ le client, les méthodes existentielles, les méthodes gestaltistes et autres) la psychothérapie humaniste est, indubitablement, la source principale de la méthodologie du travail social humaniste. La psychothérapie humaniste favorise la relation d'égalité entre le thérapeute et le client, et augmente le rôle de l'expérience subjective, de la personnalité (l'ego, le libre arbitre) et des processus affectifs dans la relation thérapeutique.

Principalement, les méthodes de la psychothérapie humaniste apportent dans la pratique du travail social humaniste les principes de la réhabilitation (l'intégration sociale/ humaine) par la concentration sur la personnalité concrète, sur les besoins, les sensations et les sentiments effectifs de la personne, du client, par le développement humain et spirituel, par le développement personnel et social, par la formation de la capacité d'autodétermination, concentrant l'intervention sur les ressources et forces (humaines) et pas sur les problèmes (Payne, 2005, pp. 186-187).

13.4. LES MÉTHODES CENTRÉES SUR LA PERSONNE / LE CLIENT

Par la thérapie centrée sur la personne, ou le client, Carl Rogers (1951, 1959, 1977) a, indirectement, le mérite essentiel d'aider la méthodologie du travail social moderne par les méthodes, les techniques, et les

TRAVAIL SOCIAL HUMANISTE :
La personnalité et les relations humaines
– ressources et valeurs principales de la pratique

valeurs thérapeutiques humaniste, non-directives, promus dans la pratique. L'idée de base des méthodes axées sur le client, promu par Rogers et ses adeptes, est que, dans le processus thérapeutique, de prendre sérieusement en considération la personnalité et les sentiments des clients, parce que ceux-ci sont la base pour aider, par trouver les ressources internes authentiques, idée très utile aussi en travail social, d'autant plus en travail social humaniste.

Rogers soutient que le client dispose d'un forte réservoir de sentiments positifs, idée importante pour la pratique du travail social où la majorité des clients sont dominés par les sentiments négatifs. Dans ce sens le travailleur social peut utiliser les ressources de la personnalité et les expériences internes subjectives des clients comme ressorts principales dans le processus de ré-habilitation, d'autonomisation et de normalisation.

13.5. LES MÉTHODES EXISTENTIELLES ET LES MÉTHODES GESTALTISTES

Les méthodes existentielles se concentrent, en particulier, sur l'auto-détermination, la libre volonté, la recherche de sens et les expériences uniques (limite) de la personne/ du client. Ces méthodes sont basées sur une série de thèses philosophico-existentielles et phénoménologiques, proposant, principalement, dans l'activité dévaluation, la recherche/ identification des angoisses/ crises existentielles du client (Frankl, 1969).

Dans l'activité effective d'intervention les méthodes existentielles promeuvent, principalement, le ré-équilibrage/ la ré-habilitation interne par la connaissance de soi, la croissance et l'émancipation/ autono-misation personnelle/ humaine. Ces sont solutions très utile aussi dans la pratique (évaluation et intervention) du travail social humaniste, particulièrement dans la pratique avec les clients avec des problèmes d'adaptation et d'intégration sociale (Krill, 1978).

Les méthodes gestaltistes proposent/ impliquent la réalisation de la convergence/ congruence entre la personnalité, la conscience, l'expérience et le comportement de la personne/ du client, entre « la figure et le fond » (Wheeler, 1991, p. 65). Ces méthodes mettent en évidence, accentuent l'importance, pour la personne/ le client, d'être conscient de ce qui est *ici et maintenant*, et d'accepter, de manière

TRAVAIL SOCIAL HUMANISTE :
La personnalité et les relations humaines
– ressources et valeurs principales de la pratique

proactive, sa responsabilité et sa situation, sans auto-accusation (Perls, 1971).

13.6. LES MÉTHODES APPRÉCIATIVES ET AUTRES MÉTHODES

Les méthodes appréciatives promeuvent, comme l'objectif, mais également comme principale stratégie, la résolution des problèmes sociaux/ humains de la personne/ du client par l'appréciation, la connaissance et la croissance des attentes optimistes, positives du travailleur social et du client relatifs à l'évolution du client, de la problème, et relatifs à l'évolution des résultats de l'activité d'intervention, de support (Bellinger, Elliott, 2011). Ces méthodes opèrent avec les instruments conventionnels du travail social, comme l'enquête sociale, la supervision, le projet d'intervention et la gestion de cas.

Les méthodes appréciatives sont redimensionnées par les catégories des méthodes psychologique-optimistes, et prennent paradigmes essentiels de la psychologie positive, de la psychologie/ psychothérapie cognitive etc. L'enquête sociale appréciative respecte certains principes comme le principe constructiviste, le principe de simultanéité, le principe poétique, le principe positif ou le principe d'anticipation (Cojocaru, 2013).

Les **méthodes positives** sont basées sur les croyances que tous les gens sont fondamentalement bons et ils ont les capacités personnelles constitutionnelles pour être heureux et pour la réalisation sociale par les ressources propres des personnes/ des clients (Cottraux, 2007; Seligman et Csikszentmihalzi, 2000).

Aussi, les **méthodes et techniques de groupe** sont de plus en plus utilisées dans le travail social humaniste. Surtout dans le travail social humaniste clinique sont utilisées **les méthodes participatives** (Paturel, 2014), **l'analyse transactionnelle, la psychothérapie axée sur les émotions, l'analyse existentielle, la drame-thérapie, la danse-thérapie** et **la thérapie par le mouvement, l'art-thérapie,** *focusing*, **la psychodrame** etc.

TRAVAIL SOCIAL HUMANISTE :
La personnalité et les relations humaines
– ressources et valeurs principales de la pratique

CHAPITRE 14

LA PERSONNALITÉ ET LES RELATIONS HUMAINES COMME RESSOURCES ET VALEURS DANS LA PLANIFICATION ET LA GESTION EN TRAVAIL SOCIAL HUMANISTE

TRAVAIL SOCIAL HUMANISTE :
La personnalité et les relations humaines
– ressources et valeurs principales de la pratique

Les valeurs, les principes et les objectifs cruciaux de la planification et de la gestion en travail social humaniste visent principalement le développement et la capitalisation du potentiel humain et spirituel des clients et des professionnels, la priorité des intérêts, des sentiments et des valeurs du client, le bien-être et le développement culturel et moral du client et de la communauté, le développement humain, l'autonomisation et l'autodétermination de la personne/ du client et de la communauté/ famille, l'égalité, la solidarité, les relations sociales comme des relations *humaines*, la multi-culturalité, la justice sociale, la complexité de la personnalité du client, flexibilité méthodologique, la pratique fondée sur les preuves (humaines), la valorisation de la créativité, la liberté et les ressources du client etc.

Les ressources de la personnalité et des relations humaine dans la planification et la gestion de la pratique du travail social humaniste, sont abordées par les deux dimensions principales - forte et *humaine*.

Le but principal de l'activité du stratège/ manager c'est qu'à exploiter, à partir de sa conscience professionnelle *humaine* et les systèmes des relations sociales et *humaines*, les ressources d'humanisme et spiritualité afin de récupération, bonheur, d'autonomisation et de réinsertion socio-humaine des clients.

14.1. OBJECTIFS DE LA PRATIQUE ET DE LA PLANIFICATION

Lorsque les professionnels et le gestionnaires humanistes définissent ses objectifs et la mission de la pratique, dans l'activité de planification, ils engagent, principalement, termes, idées et phrases telles que:

- Le développement personnel et de la communauté, et l'obtention de l'autonomie du client (Payne, 2011);

- La diminution de la souffrance, de la détresse et du malheureux du client;

TRAVAIL SOCIAL HUMANISTE :
La personnalité et les relations humaines
– ressources et valeurs principales de la pratique

- Augmenter le bien-être spirituel et culturel du client et de la communauté (Goldstein, 1984, 1985);

- Le développement moral et l'intégration socio-humaine du client, etc.

La souffrance humaine, le malheur, l'échec personnel, la perte, la dés-humanisation de l'individu et de la communauté, les drames émotio-nnelles et les grandes tragédies collectives, les catastrophes ayant un impact humain important, le sous-développement personnel/ de la communauté sont parmi les problèmes centraux et les objets principaux de l'intervention dans la pratique du travail social humaniste (Stefaroi, 2012).

D'ici commence le travail social humaniste la démarche d'établir ses objectifs spécifiques de la pratique.

À cette fin, fonctionne dans la sphère des relations sociales, l'objectif principal des services et des professionnels c'est de transformer ces relations *sociales* en relations **humaines**, partant de l'idée que la souffrance, la tristesse, l'échec personnel, la perte, la dés-humanisation, l'exclusion sociale, la pauvreté de l'individu et de la communauté ont, en grande partie, les principales sources dans les relations humaines et sociales précaires.

Combinant les nombreuses ressources du niveau de la personne avec les ressources du niveau de la communauté, prenant ainsi des éléments à la fois du travail social traditionnel et aussi du travail social structurel/ critique/ radical, le travail social humaniste justifier son attribut comme **la troisième voie** *dans la pratique contemporaine du travail social.*

14.2. VALEURS ET PRINCIPES DE LA PRATIQUE

La pratique du travail social humaniste met à la base de l'activité des services et des professionnels, comme valeur fondamentale, la représentation et l'approche du client comme un *être humain*, avec sentiments, souffrances, avec besoins spirituels et eudémoniques, la représentation et l'approche du client comme personnalité, avec ego, volonté, liberté et ressources internes pour la réhabilitation et la

TRAVAIL SOCIAL HUMANISTE :
La personnalité et les relations humaines
– ressources et valeurs principales de la pratique

reconquête de l'autonomie, et pas seulement comme un élément dysfonctionnel dans un système social.

Autres valeurs qui doivent rester à la base des services en pratique du travail social humaniste seraient:

- La justice sociale (Payne, 2011);

- La valorisation de la créativité, la liberté et les ressources du client (Humanistische Akademie, 1998);

- Le développement de soi, et la capitalisation du potentiel spirituel;

- La flexibilité méthodologique (Payne, 2011);

- La pratique fondée sur des preuves (humaines);

- La priorité des intérêts, des sentiments et des valeurs du client;

- Le bien-être et le développement spirituel du client et de la communauté (Humanistische Akademie, 1998);

- Le développement personnel et humain des clients:

- Le développement culturel et moral de la communauté;

- La complexité de la personnalité du client;

- Le développement humain, l'autonomisation et l'autodétermination de la personne/ du client et de la communauté/ famille (Stefaroi, 2012);

- L'égalité, la solidarité, la compathie;

- Les relations sociales comme des relations *humaines*;

- La multiculturalité (Wing Sue, 2006).

Selon Malcolm Payne (2011), parmi les plus importants principes de la pratique du travail social humaniste sont les suivantes:

- ➢ La responsabilité,

- ➢ La justice sociale,

- ➢ La complexité, et

- ➢ La spiritualité.

TRAVAIL SOCIAL HUMANISTE :
La personnalité et les relations humaines
– ressources et valeurs principales de la pratique

En accord avec ces principes, le rôle principal de la pratique du travail social humaniste est de permettre aux clients de réaliser leur potentiel au sein de la relation thérapeutique et le contexte socio-humain, par le développement de la personnalité et la renforcer le potentiel du client, pour atteindre l'auto-actualisation et l'autonomisation dans l'environnement social où journellement il/elle vit.

Aussi, en accord avec ces principes, le rôle principal de l'activité du professionnel dans la pratique du travail social humaniste seraient de créer des conditions sociales justes pour promouvoir le bien-être général, pour promouvoir le bien-être humain et social/ communautaire par le développement des capacités humaines, de la justice sociale, l'égalité, la liberté, et la responsabilité mutuelle (Payne, 2011, p. 31).

14.3. LE CODE DÉONTOLOGIQUE

Le code de la pratique dans la pratique du travail social humaniste met au centre de l'attention la valeur de *dignité humaine.*

En ce sens, la représentation et l'approche, en théorie, axiologie et la pratique, du client en tant qu'être humain, implique une plus grande responsabilité de prendre en considération les besoins de bonheur et un bon vivant, en parallèle avec la préoccupation pour l'autonomisation du client.

L'activité, le conduite du praticien sont basés sur la valeur, la dignité et le caractère unique de chaque personne, le respect de sa droit à liberté, égalité et bonheur (Beckers, 1979).

Une des principales tâches des professionnels est d'améliorer et de responsabiliser les individus, les familles, les groupes et les communautés, afin d'encourager leur autonomie, leur volonté, leur capacité d'assumer des responsabilités.

Selon la définition internationale de l'éthique en travail social donnée par l'IFSW (FITS), *La Fédération Internationale des Travailleurs Sociaux,* « la conscience éthique est indispensable à la pratique professionnelle du travailleur social. Sa capacité et son engagement à agir selon la déontologie sont essentiels à la qualité du service qu'il rend à ceux qui font appel à lui ».

TRAVAIL SOCIAL HUMANISTE :
La personnalité et les relations humaines
– ressources et valeurs principales de la pratique

Nous choisissons, ci-dessous, certaines des dispositions qui nous croyons que peut être considéré spécifiquement *humanistes*, et peut étayer, en termes d'éthique, de déontologie, la conduite professionnelle dans le travail social humaniste.

- *Le professionnel du travail social œuvre pour le changement social, en résolvant des problèmes de relations humaines, d'autonomie et de liberté des personnes en vue d'améliorer leur existence.*

- *Le travailleur social intervient au point d'interaction des personnes et de leur environnement, en utilisant les théories du comportement et sa connaissance des institutions sociales.*
Ce sont les principes des droits de l'homme et de justice sociale qui fondent le travail social.

- *Le travail social est basé sur le respect de la valeur et de la dignité inhérentes à chaque individu, et des droits qui en découlent.*

- *Les travailleurs sociaux ont à faire respecter et à défendre l'intégrité et le bien-être physique, psychologique, affectif et spirituel de chaque personne.*

- *Les travailleurs sociaux, indépendamment de leurs valeurs et choix de vie, doivent respecter et faire valoir les droits des personnes à décider d'eux-mêmes, pourvu qu'ils ne menacent pas les droits et les intérêts légitimes des autres.*

- *Les travailleurs sociaux doivent défendre l'implication et la participation totales des personnes qui utilisent leurs services de façon à les rendre autonomes dans les décisions et les actions qui concernent leur existence.*

- *Les travailleurs sociaux sont concernés par la personne dans sa globalité, dans sa famille et dans la communauté, dans son environnement naturel et sociétal, et doivent veiller à prendre en compte sa vie sous tous ses aspects.*

- *Les travailleurs sociaux doivent s'intéresser d'abord aux capacités personnelles des individus, des groupes et des communautés et les aider ainsi à devenir autonomes.*

- *Les travailleurs sociaux ont la responsabilité de promouvoir la justice sociale, par rapport à la société en général, et par rapport aux personnes avec lesquelles ils travaillent.*

- *Les travailleurs sociaux ont la responsabilité de contester la discrimination négative lorsqu'elle se base sur des critères hors de*

TRAVAIL SOCIAL HUMANISTE :
La personnalité et les relations humaines
– ressources et valeurs principales de la pratique

propos comme le handicap, l'âge, la culture, le sexe, l'état-civil, les opinions politiques, la couleur de la peau ou autres caractéristiques physiques, l'orientation sexuelle, ou les croyances spirituelles.

- *Les travailleurs sociaux doivent reconnaître et respecter la diversité raciale et culturelle des sociétés dans lesquelles ils interviennent, et prendre en compte les différences individuelles, familiales, des groupes et des communautés. .*

- *Les travailleurs sociaux doivent développer et entretenir leur compétence professionnelle et leur technique pour faire leur travail.*

- *Les travailleurs sociaux doivent agir avec compassion, empathie et soin dans leur relation avec les personnes qui recourent à leurs services.*

- *Les travailleurs sociaux ne doivent pas subordonner les besoins ou intérêts des gens qui recourent à leurs services à leurs propres besoins ou intérêts.*

- *Les travailleurs sociaux doivent savoir qu'ils sont responsables de leurs actions vis-à-vis des personnes avec lesquelles ils travaillent, de leurs collègues, de leurs employeurs, de l'association professionnelle et de la loi, et que ces instances peuvent être en conflit.*

- *Les travailleurs sociaux doivent engager et entretenir le débat sur la déontologie avec leurs collègues et leurs employeurs, et assumer des décisions bien étayées au plan éthique.*

- *Les travailleurs sociaux doivent être formés à la prise de décision au regard de l'éthique et à rendre compte de leurs choix et actions (www.casw-acts.ca/fr/le-travail-social-international).*

14.4. LA PLANIFICATION, LA GESTION (DE CAS) ET LE CASEWORK

Les activités de planification, d'identification, d'évaluation, de diagnostic, de conception, d'intervention, de surveillance, les objectifs de réadaptation psychologique et sociale, les activités de gestion (de cas) *humaniste* impliquent l'emphase sur les questions humaines, spirituelles, ontologiques, subjectives du client, de sa vie et de sa situation difficile, l'emphase sur les relations et les comportements socio-hu-

TRAVAIL SOCIAL HUMANISTE :
La personnalité et les relations humaines
– ressources et valeurs principales de la pratique

maines concrètes, où sont aussi les sources d'évaluation et les ressources de changement/ réhabilitation (Horner et Kindred, 1997).

Le gestionnaire (de cas) humaniste va construire la planification de l'activité et la table d'évaluation en particulier par une phénoménologie humaniste et spirituelle. Le processus d'élaboration du projet d'intervention, d'après le modèle humaniste, implique la priorité des besoins et des ressources spirituelles, humaines, subjectives, volontaires, inclusivement du praticien, pour la réhabilitation/ le changement du client (individuel ou collectif).

Aussi, en *casework*, l'accent est placé sur l'engagement et l'exploitation des ressources spirituelles, humaines, subjectives, volontaires, inclussivement du praticien, pour la réhabilitation et l'intégration/ adaptation sociale/ humaine du client. Finalement, les objectifs spécifiques de l'activité de planification, gestion (de cas) et *casework* comprennent surtout termes tels que *développement personnel, responsabilisation personnelle, rétablissement/ intégration socio-humaines par le développement humain, spirituel et moral de la personnalité, la formation d'une forte personnalité, la formation et le développement **des relations et des communautés humaines et fortes/ autonomes*** (Stefaroi, 2008, p. 68).

TRAVAIL SOCIAL HUMANISTE :
La personnalité et les relations humaines
– ressources et valeurs principales de la pratique

CHAPITRE 15

LA PERSONNALITÉ ET LES RELATIONS HUMAINES COMME RESSOURCES ET VALEURS DANS LA PRATIQUE CONCRÈTE DU TRAVAIL SOCIAL HUMANISTE

TRAVAIL SOCIAL HUMANISTE :
La personnalité et les relations humaines
– ressources et valeurs principales de la pratique

La personnalité concrète et unique du client et la personnalité du professionnel, les relations sociales concrètes et uniques sont les ressources professionnelles essentielles qui peuvent faciliter le changement, par lesquelles peuvent être réalisées l'humanisation des relations sociales en difficulté, des micro-communautés dysfonctionnelles, déshumanisées, des gens endommagés sur le plan moral, psychologique, en difficulté, en souffrance, en conflit etc., par lesquelles la pratique humaniste du travail social peut atteindre ses objectifs.

En ce sens, dans les pratiques basées sur les preuves, dans le soin et l'aide, dans le placement, dans la thérapie clinique et le travail social clinique, dans le travail social communautaire etc. l'une des taches les plus importantes des professionnels est de générer, inclusivement par les ressources et les qualités de leurs propres personnalités, le cadre et l'occasion socio-humaine, spirituelle et culturelle de valoriser, en manière digne, les ressources psychologiques-spirituelles, morales, comportementales du client et de ses relations socio-humaines avec le final but de récupération, bonheur, autonomisation et ré-insertion sociale.

15.1. LES PRATIQUES BASÉES SUR LES PREUVES

Malgré les apparences, la praxéologie du travail social humaniste accorde une grande importance à la méthode scientifique/ expérimentale, à la recherche et la pratique fondée sur les preuves.

Le travail social humaniste utilise les pratiques et les méthodes fondées sur les preuves pour comprendre et adresser, scientifiquement et expérimentalement, les relations et les comportements *humains*, le développement humain, les problèmes sociaux, les situations de difficulté des clients etc. (Roberts et Yeager, 2006).

TRAVAIL SOCIAL HUMANISTE :
La personnalité et les relations humaines
– ressources et valeurs principales de la pratique

Dans la pratique spécifique du travail social humaniste celles proposent, dans l'activité spécifique d'évaluation, d'intervention et de changement, la focalisation sur la réalité *humaine* complexe du client par les connaissances scientifiques, par les recherches expérimentales anté-rieures et l'intégration méthodologique des expériences cliniques précédentes.

En ce sens, les pratiques fondées sur les preuves impliquent, dans l'activité spécifique du praticien, d'évaluation et d'intervention, la mise de l'accent, à la fois contextuelle/ existentielle et scientifique, sur la réalité complexe, phénoménologique du client (Rubin et Babbi, 2012).

La construction du tableau d'évaluation du système-client commence, cependant, à ce qui est identifié comme existante, réelle, vérifiable et sensible (Payne, 2011, p. 76).

En outre, le travail du praticien est basé sur le témoignage des recherches et les conclusions des études sur les types de cas où ça marche. Le praticien ayant la tâche à réaliser "modelassions" des situations difficiles identifiées dans le rapport au les conclusions des recherches, sans abdiquer, mais, les valeurs fondamentales et principes du travail social humaniste liées à l'immense complexité des phénomènes socio-humaines et des situations de difficulté ou sont engagés les clients (O'Hare, 2005).

15.2. LE SOIN ET L'AIDE

Payne (2011) considère, à partir de la perspective de l'axiologie du travail social humaniste, le soin plus important que l'aide. Mais il affirme que nous parlons d'un soin holistique et humaniste qui comprend la personnalité, la sphère émotionnelle et la spiritualité, non seulement la sphère physique. Tant de soin doit conduire au développement des capacités personnelles du client pour résoudre indépendamment les difficultés.

> *"Humanistic social work focuses more than many models of social work practice on holistic caring processes rather than helping for two reasons. One is that many social work and similar services are involved in helping people with long-term-care needs; children whose parents cannot care for them; people with mental illnesses, intellectual, and physical disabilities; and older people. Therefore, social work requires more than a quick*

TRAVAIL SOCIAL HUMANISTE :
La personnalité et les relations humaines
– ressources et valeurs principales de la pratique

problem-solving intervention or social change and then standing aside; it requires developing the client's personal capacities to resolve difficulties and live an improved quality of life over a long-term involvement. Second, social work aims at psychological efficacy, as humanistic psychotherapies envisage, but it also involves a focus on empowering the social agency of social networks in the client's environment." (Payne, 2011, p. 139).

À cette fin, à notre avis, il est essentiel que tous ceux qui travaillent, par exemple, dans les institutions résidentielles d'avoir de solides qualités humaines et spirituelles, comme l'empathie, la spiritualité, le bonheur, l'humanité. Les organisations où ils travaillent doit être eux-mêmes sources de stabilité, de l'efficacité et de l'humanisme pour les clients (Stefaroi, 2007).

Cela parce que la capacité empathique, le bien-être émotionnel, le bonheur, le développement personnel, l'altruisme, l'agréabilité, l'intelligence émotionnelle, la culture, l'idéalisme, le visionnarisme orientent les travailleurs en la réalisation des objectifs *humaines*/ humaniste des institutions de soin. Les effets positifs sont ressentis au fil du temps par le déplacement de l'accent du soin du corps vers le soin de l'âme et de la personnalité (Batson, 2011).

15.3. LE PLACEMENT

La théorie et l'axiologie du travail social humaniste favorisent le placement de la personne séparée de la famille naturelle, en particulier des enfants, jusqu'à une éventuelle ré-intégration familiale et l'intégration sociale, comme une alternative optimale au placement en institution, le placement dans les familles de substitution (American Humane Association, 2004), dans les familles élargies, les voisins, l'adoption, même si, même ici, peut se produire de nombreux problèmes d'ordre humain, social, psychologique, éthique.

Du point de vue de l'axiologie du travail social humaniste le rôle des services sociaux, des travailleurs sociaux, des psychologues devrait être de chercher compatibilités pas seulement «socio-métrique» mais aussi «psycho-métriques», «humaine» et «spirituelle».

En ce qui concerne le placement dans les institutions résidentielles, de la lumière des valeurs du travail social humaniste, la croissance, l'édu-

TRAVAIL SOCIAL HUMANISTE :
La personnalité et les relations humaines
– ressources et valeurs principales de la pratique

cation, le soin de l'enfant dans ces endroits est considéré comme une anomalie et une forme grave de mauvais traitement, principalement en termes de développement psychologique et socio-affectif (Punalekar, 1983; Miller, 1999).

15.4. LA THÉRAPIE CLINIQUE ET LE TRAVAIL SOCIAL CLINIQUE

Comment il est normal, dans la pratique du travail social les adeptes des orientations humanistes utilisent les modalités et les méthodes bien connues de la pratique psycho-thérapeutique humaniste, en les adaptant, bien sûr, à la casuistique et la problématique spécifique des services de travail social - l'objectif principal c'est, à cet égard, d'intégration sociale, de réhabiliter, socialement et humainement, le client.

La psychothérapie clinique humaniste représente, donc, la source principale de la méthodologie et de la pratique dans le travail social humaniste clinique.

La thérapie et le travail social clinique, dans la pratique complexe du travail social humaniste, favorisent la relation d'égalité entre le thérapeute et le client, et augmentent le rôle de la personnalité et des processus affectifs, compathiques dans la relation thérapeutique (Karsz, 2004).

Les méthodes et les pratiques humanistes apportent dans la thérapie et le travail social clinique *les principes de la réhabilitation par la concentration sur les besoins et les sentiments du client, par le développement humain et spirituel, concentrant l'intervention sur les ressources et forces (humaines) et pas sur les problèmes.*

L'idée de base dans les processus thérapeutiques et d'interventions en travail social clinique, à partir de la perspective humaniste, est de prendre sérieusement en considération les sentiments des clients, parce que ceux-ci sont la base pour aider, par trouver les ressources internes de la personnalité. Le client dispose d'un fort besoin de sentiments positifs, idée importante pour la pratique du travail social où la majorité des clients sont dominés par les sentiments négatifs. Dans ce but, le thérapeute, ou le travailleur social clinique, dans la pratique du travail social humaniste, peut utiliser les expériences internes des clients

TRAVAIL SOCIAL HUMANISTE :
La personnalité et les relations humaines
– ressources et valeurs principales de la pratique

comme ressources dans le processus de réhabilitation, d'autonomisation, de normalisation.

Dans ce sens, le thérapeute, ou le travailleur social clinique, dans la pratique du travail social humaniste, se concentres, en particulier, sur auto-détermination, libre volonté et la recherche de sens, regardant, principalement, dans l'activité d'évaluation, la recherche/ identification des angoisses/ crises existentielles/ expérientielles/ subjectives du client.

L'intervention centrée sur le client, promu par Rogers et ses partisans, méthode très utilisées dans le travail social clinique, met l'accent sur:

- la personne/ le client et son processus d'individuation et d'actualisation;

- les propres ressources du client à partir de la base vivante de son expérience originale;

- la qualité relationnelle-humaine *client-professionnel.*

L'intervention centrée sur le client encourage le client à trouver ses propres repères, à partir d'une auto-évaluation expérientielle et existentielle, psychologique et sociale.

Dans l'activité effectif d'intervention le thérapeute, ou le travailleur social clinique, dans la pratique du travail social humaniste promeut, principalement, le rééquilibrage/ la réhabilitation interne par la connaissance de soi, la croissance et l'émancipation/ autonomisation personnelle/ *humaine.* Ces sont solutions très utile dans la pratique (évaluation et intervention) du travailleur social clinique, particulièrement dans la pratique avec les clients avec des problèmes d'adaptation et d'intégration sociale.

Le travailleur social clinique vise la réalisation de la convergence entre la conscience, l'expérience et le comportement, "entre la figure et le fond". Ces méthodes faits saillants l'importance, pour le client, d'être conscient de ce qui est *ici et maintenant*, et d'accepter sa responsabilité de la situation.

En même temps, le travailleur social clinique promeut, comme l'objectif, mais également comme principale stratégie, la résolution des problèmes sociaux/ humains par l'appréciation, la connaissance et la croissance

TRAVAIL SOCIAL HUMANISTE :
La personnalité et les relations humaines
– ressources et valeurs principales de la pratique

des attentes optimistes, positifs du client sur son évolution, relatif à l'évolution des résultats de l'activité d'intervention.

Le travailleur social clinique, dans la pratique du travail social humaniste, opère avec les instruments conventionnels du travail social, comme l'enquête sociale, la supervision, le projet d'intervention et la gestion de cas, mais ces sont redimensionnées par les catégories des méthodes optimistes, et prend paradigmes essentiels de la psychologie positive, de la psychologie/ psychothérapie cognitive.

Un aspect crucial de l'activité du thérapeute, ou du travailleur social clinique, dans la pratique du travail social humaniste est les idées que tous les gens sont fondamentalement bons et ils ont la capacité personnelle constitutionnelle pour être heureux.

En plus de ces méthodes et techniques, dans la thérapie et le travail social clinique, dans la pratique du travail social humaniste, sont de plus en plus utilisées les méthodes et techniques de groupe, mais aussi la *psychothérapie axée sur les émotions, l'analyse existentielle, la drame-thérapie, la thérapie par danse et la thérapie par mouvement, l'art-thérapie, focusing, la psychodrame, l'analyse transactionnelle* etc.

15.5. LE TRAVAIL SOCIAL COMMUNAUTAIRE

En perspective humaniste le travail social communautaire se concentre sur l'utilisation des ressources humaines, culturelles et morales existant au niveau des relations, des groupes (familles, organisations) et au niveau de la communauté dans son ensemble, aussi bien que sur la valorisation des ressources psychologique-personnelles et spirituelles des personnes.

Dans la pratique du travail social humaniste communautaire la communauté dans son ensemble est approchée et représentée comme ressource en soi par les deux grands dimensions/ sphères principales: humaine et culturelle, d'une part, et organisationnelle-institutionnelle, forte, d'autre part. Etroitement liés des concepts communauté humaine et communauté forte étant les concepts de développement socio-humain et développement organisationnel-institutionnel.

En relation avec les deux paradigmes, perspectives humanistes importants de représentation et approche, ontologique-spirituelle et existentielle-positive, on peut parler, dans la pratique de travail social

TRAVAIL SOCIAL HUMANISTE :
La personnalité et les relations humaines
– ressources et valeurs principales de la pratique

communautaire humaniste, de deux types de valeurs et ressources de la communauté, valeurs et ressources de la communauté *humaine* et culturelle, d'une part, et de valeurs et ressources de la communauté forte/ développée, d'autre part. La première catégorie étant liée à l'expression développement humain et culturel, et le second à l'expression développement organisationnel-institutionnel de la communauté.

Les ensembles complexes des relations, structures, réalités, practices, coutumes *humains* de l'intérieur des familles, organisations, institutions etc. comme les relations inter-personnelles d'attachement, les relations affectueuses, les relations compathiques, les practices et les coutumes d'aide réciproque, la solidarité sociale/ humaine de groupe, l'orientation, la qualité humaniste, la valence, le dimension humain général des familles, organisations, institutions sont ressources très importantes pour l'adaptation et l'intégration sociale, pour le développement personnel et humain, mais aussi ressources très importantes de réhabilitation psychologique et socio-comportementale pour les personnes de l'intérieur de la communauté en difficulté, pour résoudre les nombreux problèmes sociaux et humains de l'intérieur de la communauté avec quoi parement les services sociaux communautaires.

Par l'utilisation de toutes ces ressources, associées génériquement à l'expression *relations humaines*, le travailleur social communautaire humaniste actionne sur la sphère sociale pour développer la sphère psychologique-sociale et l'autonomie comportementale des clients avec le but thérapeutique- assistanciel de ré-adaptation et ré-insertion sociale, imprimant à leur personnalités et comportements qualités instituées comme ressources personnelles pour auto-récupération, pour développement socio-émotionnel, contrôle des émotions, efficacité personnelle et sociale, résistance à l'échec et les frustrations, pensée active, développement moral, développement culturel etc.

Essentiellement, dans son activité le travailleur social humaniste communautaire, à côté de l'objectif de récupération et de développement personnel individuel, est favorisé aussi l'objectif du développement des relations *humaines*, de développement la communauté socio-humaine dans son ensemble par l'utilisation des ressources humaines, culturelles, morales, psychologiques existant au niveau des relations inter-personnelles, des groupes (familles, organisations etc.) et aussi bien au niveau des personnes.

TRAVAIL SOCIAL HUMANISTE :
La personnalité et les relations humaines
– ressources et valeurs principales de la pratique

15.6. LA RÉHABILITATION ET L'INTÉGRATION SOCIO-HUMAINE DU CLIENT

Le travail social humaniste reconnaît l'importance des ressources et des valeurs qui définissent le travail social critique/ radical et le travail social traditionnel/ conventionnel mais privilégie, dans ce contexte, *l'importance de la personnalité (humaine et forte)*, et des *relations humaines* à la fois comme ressources aussi comme valeurs et buts de la pratique, spécialement dans le complexe et imprévisible processus de réhabilitation personnelle et d'intégration sociale du client.

Dans cette démarche, travaillant dans la sphère des relations *sociales* l'un des buts principaux des professionnels et des services d'assistance, de travail social est leur transformation en relations *humaines*.

La personnalité du client et la personnalité du professionnel, les qualités psychologique-spirituelles sont, à cet effet, moyens, ressources professionnelles essentielles qui peuvent faciliter le changement, par lesquelles peuvent être réalisées l'humanisation des relations sociales en difficulté, des micro-communautés dysfonctionnelles, déshumanisées, des gens endommagés sur le plan moral, psychologique, en difficulté, en souffrance, en conflit etc.

Le changement pour le meilleur du niveau des relations sociales, transformées en relations **humaines**, produira des améliorations, changements qualitatifs impressionnants au niveau de micro-communauté dans son ensemble, ainsi au niveau de chaque personne/ personnalité; les processus de transformation évoluent en cascade, impliquant processus d'humanisation à tous les niveaux, éliminant nombreux des dysfonctionnements, des troubles, problèmes, des souffrances; le nouvel environnement créé étant défini par des qualificatifs tels que *bien-être culturel/ spirituel et humain, efficacité, cohésion socio-humaine, harmonie, solidarité, aide mutuelle, compathie, responsabilité, soin, coopération, humanité* etc.

Ce milieu fera imposer, finalement, comme une solution curative pour beaucoup de problèmes et des situations difficiles, et seulement dans la mesure où les professionnels parviennent à les générer, avec leurs **personnalités**, activités, mesures, conduites peuvent soutenir qu'ils fonctionnent bien et efficacement, et répondre à leur mission spécifique,

TRAVAIL SOCIAL HUMANISTE :
La personnalité et les relations humaines
– ressources et valeurs principales de la pratique

au moins dans la perspective de la théorie et de l'axiologie du travail social humaniste.

Combinant, alors, dans son propre et créatif façon, les ressources du niveau de la personne, respectivement les ressources du niveau de la personnalité du client et les ressources du niveau de la personnalité du professionnel, avec les ressources du niveau de la communauté, respectivement du niveau des relations *humaines* et de la communauté *humaine*, prenant ainsi éléments aussi bien du travail social traditionnel/ conventionnel et du travail social critique/ radical le travail social humaniste justifie son attribut comme **la troisième voie** dans la théorie, la méthode et la pratique de travail social, avec la perspective de s'imposer, même en manière dominante, dans le travail social contemporain.

En ce sens, finalement, tirant une conclusion finale, dans la pratique du travail social humaniste l'une des tâches les plus importantes des professionnels, essentiellement dans les complexes et imprévisibles objectifs de réhabilitation personnelle et d'intégration sociale des clients, est de générer, inclusivement par les ressources et les qualités de leurs propres personnalités, le cadre et l'occasion socio-*humaine,* culturelle et spirituelle de valoriser, en manière digne, les ressources psychologique-spirituelles, morales, comportementales des personnalités des clients et les ressources culturelles, morales et humaines des relations humaines, des communautés avec le final but **de récupération, bonheur, auto-nomisation et réinsertion sociale.**

TRAVAIL SOCIAL HUMANISTE :
La personnalité et les relations humaines
– ressources et valeurs principales de la pratique

AU LIEU DE CONCLUSIONS

Cette section contient quelques-unes des fragments les plus représentatives du papier. Leur choix a été fait pour être comme une synthèse avec but concluant et leur succession respecte le fil thématique du livre.

« Le rôle de la littérature explicitement humaniste du travail social serait ainsi, partant de la théorie et la méthodologie (humaniste) originale psychothérapeutique, de concevoir, développer et proposer modèles théorétiques d'évaluation et d'intervention, objectifs, méthodes et techniques, de concevoir, développer et promouvoir une système théorétique, méthodologique et praxéologique spécifique pour l'activité et la mission du travail social, comme cadre scientifique, fondement épistémologique, axiologique, méthodologique et praxéologique d'un travail social *expressivement humaniste.* » (p. 15)

« Dans le livre l'accent est mis également sur l'importance et le rôle crucial qu'elles ont, dans la pratique du travail social humaniste, comme valeurs et ressources, *la personnalité* (du client et du professionnel) et *les relations humaines* / la microcommunauté socio-humaine. Tant la personnalité et les relations humaines / la microcommunauté socio-humaine sont abordées par les deux lignes directrices cardinales de la théorie / l'approche humaniste, respectivement existentielle et spirituelle. » (p. 16)

« Les idées, les méthodes et les pratiques humanistes du travail social ont manifestées et imposées dans le contexte de la dominance de deux doctrines, systèmes théorique-méthodologiques et institutionnels bien établies de travail social, d'assistance et de politique sociale, en quelque sorte opposés et complémentaires; il est à propos, d'une part, du travail social traditionnel, nommé conventionnel aussi, concentré sur aide et soin émotionnel, matériel et financier individuel, et d'autre part, du travail social structurel, appelé, aussi, critique, radical ou institutionnel,

TRAVAIL SOCIAL HUMANISTE :
La personnalité et les relations humaines
– ressources et valeurs principales de la pratique

concentré sur la structure sociale, le système, l'institution, sur les projets d'imposer le bien-être général et la justice sociale par des mesures structurelle-sociétales fondamentales, radicales, et par l'empowerment communautaire et sociétale. » (p. 17)

« ... le travail social humaniste utilise et reconnaît l'importance des ressources et des valeurs qui définissent le travail social critique/ radical/ structurel et le travail social traditionnel/ conventionnel mais privilégie *l'importance de la personnalité* et *des relations humaines* à la fois comme ressources aussi comme valeurs et buts de la pratique. » (p. 49)

« ... l'abondance des concepts et des théories, méthodes et techniques, spécialement provenant de la psychologie et la psychothérapie humaniste, de la sociologie humaniste et la microsociologie, justifie l'observation que nous pouvons être, déjà, en présence d'une **troisième voie** dans le travail social contemporain, avec presque certain perspective à devenir dominante. » (p. 49)

« La théorie spécifique du travail social humaniste tente d'assembler et d'organiser, épistémologiquement et méthodologiquement, la théorie et la méthodologie humaniste, plus ou moins assumée et/ou explicite, du travail social contemporain, dans un système épistémologique-doctrinal, fournissant à la fois un cadre théorique et méthodologique unitaire, et aussi, un forum pour le débat et l'innovation professionnelle ou scientifique. » (p. 60)

« *L'autonomisation* est, donc, l'un des moyens, objectifs principaux, mais aussi valeur fondamental du travail social humaniste, atteint principalement par développement personnel et communautaire, par ré-humanisation, ré-spiritualisation et re-illumination/ culturalisation de la personne et de la communauté - partant de l'idée que, dans la plupart des cases, les problèmes sociaux et les situations de difficulté ont comme explication principale un déficit prononcé de développement personnel et communautaire, d'humanisme, de spiritualité et culture dans les personnalités des individuels ou dans les communautés socio-humaines (familles, organisations etc.). » (p. 62)

« Les théories du développement et de l'autonomisation personnelle/ sociale de la personne, sont (inclusivement en travail social humaniste) modèles théoriques et fondations pour représenter et approcher le client comme *personne et être humain en croissance* (Allen et Blinc, 2015) et en

TRAVAIL SOCIAL HUMANISTE :
La personnalité et les relations humaines
– ressources et valeurs principales de la pratique

cours de développement, avec la personnalité comme ressource principale pour croissance et adaptation sociale (Erikson, 1998), avec ego,
volonté, caractère, sensibilité et empathie, et moins comme un simple
(passif) individu (élément), étant dans une simple interaction (structure)
sociale, organisationnelle. » (p. 69)

« Les théories du développement et de l'autonomisation de la
communauté dans le travail social humaniste soulignent en essence que
un niveau élevé de développement socio-*humain* et organisationnelle
implique une degré élevé d'harmonie sociale, d'unité humaine, de
congruence inter-personnelle, de compathie, d'attachement sûr, haute
fonctionnalité socio-humaine, inter-personnelle, communautaire, inté-
gration/ cohésion sociale etc. - facteurs importants de résilience
communautaire, et leur développement dans le processus d'intervention
favorise la réadaptation et la réintégration du client (personne ou group).
» (p. 71)

« Le paradigme humaniste de la personnalité, théorisé et promu donc
notamment par C. Rogers, G. Allport, R. May, A. Maslow, V. Frankl et
autres, met en évidence, d'un côté, le contenu ontologique de la
personnalité, donnent à la sphère ontologique-spirituelle le rôle
étiologique primaire, structurel (Frankl, 2012; Rogers, 1980), et, de
l'autre côté, met en évidence, la dimension existentielle et adaptative de
la personnalité, le bonheur, la liberté et la volonté de la personne,
mettant l'accent, spécialement, sur le développement humain, spirituel
et personnel, et l'adaptation sociale par l'utilisation des ressources
psycho-spirituelles et psycho-volitives adaptatives de la personnalité. »
(p. 81)

« Nous utilisons, conventionnellement, le syntagme **« personnalité
humaine »**, à la fois, pour faire référence à

> ➢ un ensemble des formations de la personnalité globale, comme
> l'âme (affective, spirituelle, *humaine*), l'ego *humain*, la conscience
> *humaine*, le caractère *humain*, et d'autres - sources structurales
> onto-psychologiques, spirituelle et intellectuelles des qualités et
> conduites *humaines* et spirituelles de la personne,

ainsi qu'à

> ➢ l'orientation, la qualité humaniste, la valence, la dimension
> *humaine* générale de la personnalité globale, l'ensemble des

TRAVAIL SOCIAL HUMANISTE :
La personnalité et les relations humaines
– ressources et valeurs principales de la pratique

caractéristiques et ressources constantes, bio-psychologiques et socio-comportementales, spirituelles et *humaines* de l'individu, qui mettent en évidence, avec préférence, les aspects d'unité du comportement dans des situations et contextes socio-humaines différentes, et de domination/ consistance de certains caractéristiques et ressources *humaines*, spirituelles, trans-humaines etc.

Aspect qui affirme, impose comme traits cardinaux de personnalité la bonté, la bienveillance, l'altruisme, la personnalité ouverte à la jouissance générale de l'humanité, sensibilité accrue à la souffrance/ tragédie de l'autre - lui-même, mais aussi ressource émergente de l'autonomisation, du bien-être et bonheur pour les gens de l'ambiance. » (p. 92)

« En essence, un niveau élevé de développement *humain* implique un degré élevé d'humanisme (Arnet, 2011), altruisme, empathie/ com-pathie, spiritualité, bonheur, gentillesse, tolérance, bienveillance, philanthropie etc. (Batson, 2011; Stefaroi, 2015) – qualités très im-portantes pour les professionnels dans la pratique du travail social hu-maniste. » (p. 98)

« Dans la littérature psychologique, scientifique et professionnelle, le concept **forte personnalité** est, fréquemment, associé ou identifié avec un certain nombre d'autres concepts tels que *développement personnel, développement inter-personnel, croissance, développement psychologique-comportemental,* (Allen et Blinc, 2015), *adaptation, développement social* (Erikson, 1998), *haute contrôle de soi, puissance de la volonté* etc. » (p. 101)

« ... le développement personnel est plutôt identique avec le développement inter-personnel et psychologique, avec la capacité élevé d'adaptation sociale et professionnelle, le développement social, le contrôle de soi, la puissance de la volonté, associées à un niveau élevé de développement de l'ego/ le moi, de la conscience, des aptitudes, compétences et habitudes comportementales – qualités, ressources psychologique-personnelles très importantes d'intervention, d'assistance dans l'activité spécifique de travail social (humaniste) avec le client, pour sa réhabilitation et intégration sociale, pour la formation et le développent de sa forte personnalité, pour l'augmentation de la rési-lience et/ou de la capacité personnelle de réhabilitation/ réinsertion. » (p. 105)

TRAVAIL SOCIAL HUMANISTE :
La personnalité et les relations humaines
– ressources et valeurs principales de la pratique

« Dans le contexte de la théorie, de la méthodologie et de la pratique du travail social humaniste, nous pouvons représenter les relations humaines comme une ressource cruciale dans l'activité du travailleur social humaniste, en visant principalement les lois des micro-groupes et des contextes socio-humaines, les processus socio-humains interpersonnels subjectives, humains, les relations et les phénomènes interpersonnels empathiques, d'attachement, de solidarité, d'amour, de conflit, coopération, les relations socio-affectives entre les personnes et dans l'intérieur des groupes, les relations de pouvoir entre les personnes et à l'intérieur des groupes, la façon dont les personnes, concrètement, vivent, aiment, souffrent, les relations d'attachement qui sont établies entre le personnes dans les relations de parenté, amitié, inimitié, intérêt, collégialité etc. Ces sont des ressources essentielles dont le professionnel pourrait utiliser dans le travail social humaniste, à la fois avec le but de ré-adaptation psychologique-comportementale de la personne, du client et pour le but d'adaptation et d'intégration sociale. » (p. 113)

« Le paradigme humaniste de la personnalité du client met en évidence, d'un côté, le contenu ontologique de sa personnalité, donnent à la sphère ontologique-spirituelle le rôle étiologique primaire, structurelle et, de l'autre côté, met en évidence, la dimension existentielle et adaptative de sa personnalité, le bonheur, la liberté et de la volonté, mettant l'accent, spécialement, sur sa développement humain, spirituel et personnel, et l'adaptation sociale par l'utilisation des ressources psychospirituelles et psycho-volitives adaptatives. » (p. 138)

« ...dans la perspective de la personnologie humaniste la personnalité/ la personne du praticien du travail social est reflétée d'une manière complexe et idiothétique, incorporant connaissances, idées, théories de la sphère humaniste-existentielle de la pensée/ philosophie et culture, incorporant connaissances, idées, théories de la psychologie humaniste, de la sociologie humaniste, et d'autres disciplines, sciences, domaines, et pratiques d'orientation humaniste, existentialiste, et spiritualiste, développant un modèle, une perspective multi-disciplinaire, interdisciplinaire et *profonde humaine et spirituelle.* » (p. 154)

« Essentiellement, le but principal de l'activité du professionnel est d'exploiter, partant de sa personnalité concrète et unique et les systèmes complexes des relations sociales et humaines, les ressources d'humanisme et de spiritualité du client afin de récupération, bonheur, d'autonomisation et de réinsertion sociale. » (p. 168)

TRAVAIL SOCIAL HUMANISTE :
La personnalité et les relations humaines
– ressources et valeurs principales de la pratique

« D'une grande importance dans la méthodologie du travail social humaniste, incluant dans la question concernant le rôle de la personnalité et des relations humaines comme valeurs et ressources principales de la pratique, est donc l'aspect qui vise la spécificité de la recherche, d'ou dérivent aussi les particularités des méthodes utilisées, de l'activité du professionnels/ services d'évaluation et d'intervention basées sur ses résultats (Dominelli, 2002; Humanistische Akademie. 1998). Ces résultats des recherches sont utilisées par les professionnels et les services dans les méthodes et les techniques courantes de travail social avec les clients, en particulier dans la méthodologie *casework* humaniste, dans les méthodes appréciatives, dans les méthodes adoptées/ adaptées de la psychothérapie humaniste etc. » (p. 175)

« Les activités de planification, d'identification, d'évaluation, de diagnostic, de conception, d'intervention, de surveillance, les objectifs de réadaptation psychologique et sociale, les activités de gestion (de cas) *humaniste* impliquent l'emphase sur les questions humaines, spirituelles, ontologiques, subjectives du client, de sa vie et de sa situation difficile, l'emphase sur les relations et les comportements socio-humaines concrètes, où sont aussi les sources d'évaluation et les ressources de changement/ réhabilitation. » (p. 186)

« ... dans les pratiques basées sur les preuves, dans le soin et l'aide, dans le placement, dans la thérapie clinique et le travail social clinique, dans le travail social communautaire etc. l'une des taches les plus importantes des professionnels est de générer, inclusivement par les ressources et les qualités de leurs propres personnalités, le cadre et l'occasion socio-humaine, spirituelle et culturelle de valoriser, en manière digne, les ressources psychologiques-spirituelles, morales, comportementales du client et de ses relations socio-humaines avec le final but de récupération, bonheur, autonomisation et ré-insertion sociale. » (p. 188)

TRAVAIL SOCIAL HUMANISTE :
La personnalité et les relations humaines
– ressources et valeurs principales de la pratique

ANNEXE

THE
HUMANISTIC SOCIAL WORK
PROJECT

TRAVAIL SOCIAL HUMANISTE :
La personnalité et les relations humaines
– ressources et valeurs principales de la pratique

L'Annexe comprend une brève présentation, en Anglais, du *Projet TRAVAIL SOCIAL HUMANISTE,* sous l'égide duquel est publié ce livre.

The Appendix includes a brief presentation, in English, of *The HUMANISTIC SOCIAL WORK Project,* under whose aegis is published this work.

TRAVAIL SOCIAL HUMANISTE :
La personnalité et les relations humaines
– ressources et valeurs principales de la pratique

THE
HUMANISTIC SOCIAL WORK
PROJECT

1. The Main Aim of the Project and The Ways of Promoting

2. Establishing and Promoting the Humanistic Social Work as Concept, Paradigm, Philosophy/Doctrine, and Imposing as the Third Way, alongside Traditional Social Work and Critical Social Work

3. Establishing and Promoting the Basic/Support and Specific Theory/Theories of the Humanistic Social Work

4. Promoting and Developing a Humanistic Perspective and Approach on the Social Problems: Social Problems as Human Problems

5. Promoting and Developing a Humanistic Representation and Approach of the Client

6. Promoting a Humanistic Perspective on the Policies, Activities and Practices of the Authorities, Services and Institutions

7. Establishing and Promoting the Specific and Core Mission, Values, Objectives and Principles of the Humanistic Social Work Practice

8. Establishing and Promoting the Humanistic Social Work Methodology and Methods in Practice

9. Establishing and Promoting an Express Humanistic Code of Ethics in Practice

10. Promoting and Developing a Humanistic Perspective on the Practitioner's Personality, Behavior and Activity; Highlighting the Importance of the Humane and Spiritual Qualities of the Professional as Core Resource of Practice

TRAVAIL SOCIAL HUMANISTE :
La personnalité et les relations humaines
– ressources et valeurs principales de la pratique

1.
THE MAIN AIM OF THE PROJECT
AND THE WAYS OF PROMOTING

The HUMANISTIC SOCIAL WORK Project is an initiative with the assumed **aim**
*to enhance the effective presence of the humanistic values, theories and
practices in social work, which usually are stated as fundamental and
essential in different programs, strategies and policies but less present, in
fact, in the specialized literature, in the faculties' curricula, or in the practice of
professionals and services. To this end, the project is designed as a
theoretical, axiological and methodological framework, a heuristic laboratory,
a philosophical, scientific and professional forum in which it can be set what
might be called the theory, axiology and methodology of humanistic social
work.*

*The project's concept starts from the idea that humanistic social work is not a
distinctive form of social work/ welfare but rather an ontology/ epistemology,
that generates a reaffirmation/ restatement of the fundamental/ constitutional
humanistic values of social work, incorporating, in the same time, in a
(relative) new coherent and unitary theory, all what penetrated in social work
in the last decades from humanistic psychology and psychotherapy,
microsociology and humanistic sociology, human rights philosophy/
movement, and, especially, what was established as humanistic method in
the contemporary social work practice and literature.*

The main **way** *of promoting the objectives and elements of the project is the
publication of articles and books, both in classic and electronic format.
Appearances in the project can be, also, considered, preliminary of this series
of books, our articles published in Social Work Review (Faculty of Sociology
and Social Work - University of Bucharest), by Polirom Publishing House,
respectively (titles translated in English): "Humanistic Paradigm of Social Work
or Brief Introduction in Humanistic Social Work", no. 1, 2012, "Humanistic
Perspective on Customer in Social Work", no. 1-2, 2009, "Socio-Affective
Development Disorders of Institutionalized Child. From the Survival Objective
towards the Happiness Objective in Social Work for Children", no. 1-2, 2008,
and "Efficient Management Particularity in Social Work", no. 3, 2007.*

*In addition to these, important contribution in the project is, also, the book (title
translated in English) "Happiness Theory in Social Work: From Care
Management to Happiness Management", Lumen Publishing House, 2009.
But, the papers in which I succeed to present, in assumed and clearly way,
the project's objectives and elements, to explain, including philosophically*

TRAVAIL SOCIAL HUMANISTE :
La personnalité et les relations humaines
– ressources et valeurs principales de la pratique

(values, principles, ethics, doctrine, etc.) the concept of humanistic social work, as the third way in contemporary social work theory and practice, are the series of books "Calitati psihologic-sufletesti ale profesionistului in asistenta sociala umanista" (2013), and "Calitati psihologic-sufletesti ale profesionistului in asistenta sociala umanista – The HUMANISTIC SOCIAL WORK Project: Humanistic Social Work – The Third Way in Theory and Practice" (2014), CreateSpace, Charleston SC, Amazon.com Company, USA; series continued to the present paper.

Also, a crucial contribution in shaping the system of values, theories and methods of humanistic social work, and imposing the project as a framework for promotion and publication have had a series of works published in electronic format, grouped and published, the most significant, in three collections, namely: "Psychology and Humanistic Social Work Electronic Collection", "Sociology and Humanistic Social Work Electronic Collection", and "Philosophy and Humanistic Social Work Electronic Collection". Among these works we mention: "Humanistic Social Work Theories and Methods: Personality – Core Resource of Practice", and "Spiritual Qualities of the Professional in Humanistic Social Work Practice". The vast majority of works were taken and displayed by bookstores, libraries, Websites from the virtual space.

An important step in shaping and developing the Project is, also, represented by the realization of the work (title translated in English) "Humanistic Social Work: From Care and Survival to Happiness and Human Rehabilitation", draft book consists of about 200 pages, that participated in a competition for funding, organized by the Administration of the National Cultural Fund, in august 2010, Romania. Because this paper did not meet conditions for financing I decided, therefore, to sharing/ spread the ideas and content in a larger number of appearances, print and electronic, books and articles, which, also, appeared, some of them, until now, within the project.

2.

ESTABLISHING AND PROMOTING THE HUMANISTIC SOCIAL WORK AS CONCEPT, PARADIGM AND PHILOSOPHY/ DOCTRINE, AND IMPOSING AS THE THIRD WAY, ALONGSIDE TRADITIONAL SOCIAL WORK AND CRITICAL SOCIAL WORK

Especially after the appearance of the book "Humanistic Social Work: Core Principles in Practice", by Malcolm Payne, in 2010/ 2011, the humanistic social work, as concept, theory and paradigm is, in obviously offensive.

The author links the humanistic social work concept, theory, paradigm and practice with some fundamental principles and values such as human rights, personal and spiritual development, creativity, accountability and social justice, identifying as the main theoretical and methodological sources/ models the humanistic and phenomenological thinking, philosophy of existence/ (human) being, existential-humanistic psychology/ psychotherapy, transpersonal psychology, social constructivism and microsociology. A key

TRAVAIL SOCIAL HUMANISTE :
La personnalité et les relations humaines
– ressources et valeurs principales de la pratique

term of the humanistic social work concept and philosophy is the human being.

I, in the article "Humanistic Perspective on Customer in Social Work" (Social Work Review, no. 1-2, 2009, Polirom Publishing House), have summarized the concept "humanistic social work" putting in the foreground the humanistic representation/ approach of the client and the professional. I emphasized that the core aspect of the humanistic social work paradigm, theory and practice is determined by the way/ mode (humanistic) are represented the client and professional, considering the humane qualities/ resources of the client and professional the critical epistemological and methodological value of the this type of social work. We developed the humanistic social work paradigm, concept and theory in the article "Humanistic Paradigm of Social Work or Brief Introduction in Humanistic Social Work", appeared in the 2012, no.1, the same publication.

So, one of the most important goal of the project is to circumscribe, philosophically and doctrinally, the humanistic social work as concept, theory, methodology and practice. At first sight, the contemporary social work is dominated by two, relatively opposed, major ways, forces, orientations, paradigms, namely traditional/ conventional social work and critical/ radical social work. but, major social, political and economic events have strongly shaken the ontological and ideological foundation of the Traditional Social Work (economic crisis), and of the Critical Social Work (anti-communist revolutions). Such, has been greatly affected the policies/ practices of helping the vulnerable groups, individuals, people in need through the welfare state mechanisms and social solidarity, within the capitalist society, promoted by Traditional Social Work, and the projects of some radical structural changes, the aspirations to build a better society, without oppression, social injustice, inequality, discrimination and poverty, especially through social and political reforms and progress, even revolution, promoted by Critical Social Work.

In this context, another orientation, in a subtle manner, gradually, seems to advance, with increasing force. It's about, therefore, the humanistic orientation and its logical expression: HUMANISTIC SOCIAL WORK - syntagma, philosophy, theory and methodology which are in process of establishing, and remains to be seen whether it will get to sit alongside Traditional Social Work and Radical Social Work, alongside their theories and methods, and especially if it will imposes, in a coherent way, in the current practice of the professionals and agencies, as THE THIRD WAY.

3.

ESTABLISHING THE BASIC/ SUPPORT AND SPECIFIC THEORY/ THEORIES OF THE HUMANISTIC SOCIAL WORK

In fact, in the current practice, all forms and orientations of social work are found combined in various proportions and manners, determined by the philosophy of approach, ideology and the social policy, by the specific of problems, the used methods and by the pursued objectives.

TRAVAIL SOCIAL HUMANISTE :
La personnalité et les relations humaines
– ressources et valeurs principales de la pratique

This is the reason why it can affirm that the specific theory of humanistic social work is a conglomerate of theories, paradigms, orientations, but which have some crucial ideas as vectors: the person/ client as human being, with sentiments, soul, personality, desires, sufferings, needs of love, needs of happiness and accomplishments; emphasis on personality and compathetic micro-community as basic resources of practice; positive, optimistic and appreciative expectation in practice; person-centred and community-centred approach in evaluation and intervention; concentration on the future and not on the past; the human rights, social justice; a humanistic perspective on the practitioner and his conducts in practice.

Humanism, with all its philosophical, ethical, aesthetic and scientific dimensions, is, after Payne, the fundamental source of ideas and values for humanist social work. Starting from the value-concept of humanism, in concrete, the author makes reference, as our interpretation, at three major theoretical areas, as main sources for the humanist social work theory, axiology, methodology and practice, respectively philosophy (especially phenomenology and existentialism), psychology/ psychotherapy (especially the humanistic orientation) and sociology (especially microsociology).

The theories of personality (development) and (human) being, empathy theory, attachment theory and happiness theory are, according to our point of view, among the most important theoretical sources/ grounds and theories of the of humanistic social work.

The Theories of Personality (development) and (human) Being in humanistic social work are a theoretical model and support for representing both the client and the worker as human beings, with personality, soul, character, sensibility and empathy, and not as simple individuals being in a simple social and professional interaction.

Empathy Theory is a formative instrument used by the professionals in achieving the specific objectives, mainly in the human rehabilitation and social empowerment of the client. The practitioner-client proactive empathetic relationship is, in fact, a framework for transfer, a subtle lane that the professional uses, intentionally and professionally, for solving the problem.

Happiness Theory is based on the assumption that efficiency and personal/ professional/ social adaptation is closely related to the degree of happiness of the individuals and communities. Psychological-spiritual well-being is a factor of energy and self-development/ autonomy - so reducing the degree of social vulnerability and the likelihood to becoming a client of the social services.

Attachment Theory theorizes the importance of the affection process and phenomena in social relationships and coexistence, especially regarding the role of child-parent attachment relationship in the formation of o balanced and adaptive personality of the child. In child care institutions is interesting to see the role of attachment also in the quality of the human relationships between the care professionals, between the professionals and children, etc.

TRAVAIL SOCIAL HUMANISTE :
La personnalité et les relations humaines
– ressources et valeurs principales de la pratique

4.

PROMOTING AND DEVELOPING A HUMANISTIC PERSPECTIVE AND APPROACH ON THE SOCIAL PROBLEMS. SOCIAL PROBLEMS AS HUMAN PROBLEMS

In humanistic social work so called social problems are in fact human, or socio-human problems. The persons involved in relationships and communities are not simple social elements of the social organizations, they have personalities, souls, feelings, dramas, sufferings. Their problems are, so, not of social order but of human order.

In this end, the human suffering, unhappiness, personal failure, loss, the dehumanization of the individual and community, the emotional drama and great collective tragedies, the disasters with significant human impact, the personal/ community underdevelopment are among the central phenomena and categories of, what might be called in scientific terms, the problems and object of intervention in humanistic social work practice.

The human suffering, unhappiness, personal failure, maladjustment, marginalization, social vulnerability are often related to a human/ socio-human problem, to a human difficult situation, and, often, the normalization cannot be achieved without its elimination or limitation.

Problem and object of intervention, in humanistic social work, are also the lack of personal fulfillment, the existential issues, the lack of humanity and empathy/ compathy, of morality, the dehumanization of the individual, etc.

The practitioners, in their daily professional activity, interact with unmet, professional or personal, individuals, who have failed or have deviated from the optimal way to achieve the personal, professional and social goals, who daily live chronic dissatisfaction and personal dramas.

So, the loss, separation, uprooting, loneliness, poverty, promiscuity, discrimination, marginalization are social and personal issues. with great personal and social impact, but are also ontological or humane problems. Each of these can be considered part of what, we might call, the phenomenon or process of dehumanization, human degradation of the individuals and communities.

The communities where predominate the undeveloped (human/ personal/ moral) individuals - selfish, individualistic, concerned only on the personal benefit - are aprioristic prone to problems.

In the humanistic paradigm of social work the vulnerability, difficult situation of the person is so associated, mainly, with the delays and disorders of personal and human development, with the ontological inconsistency and poor quality of the interpersonal relationships, with degradation of the values systems (moral, cultural, etc.) of the community and organizations.

Any social group, community or organization is also an empathetic community. Therefore, many human suffering, tragedy or social problems are rooted in its

TRAVAIL SOCIAL HUMANISTE :
La personnalité et les relations humaines
– ressources et valeurs principales de la pratique

underdevelopment, in weaknesses or very serious compathetic problems. The knowledge of this aspect by the social workers is a necessity and, moreover, the compathy, empathetic community, the system of human/ humane relationships, of sympathies and empathies can be very effective tools for change, improvement, normalization.

5.

PROMOTING AND DEVELOPING A HUMANISTIC REPRESENTATION AND APPROACH OF THE CLIENT

The humanistic theories represent the client as human being, as soul, subject of silent suffering and happiness, and not only as a neutral individual of a social system, or humble beneficiaries of the community's services. So, the humanistic theories convert the client from individual in person, in human being, in I, in subject, soul.

In accordance with the principles of humanistic psychology each healthy person, as client, has the potential capacity to recover, to fulfill as person, to be happy, in human, social and spiritual terms, but everything depends, mainly, of its internal activism, of willingness to self-change or accomplishment, but, also, of the identification and using his internal resources, including with the professional aid.

The (humanistic) representation of the client in humanistic social work starts from the five basic beliefs of humanistic psychology, respectively:

- *humans supersede the sum of their parts;*

- *persons have their existence in a uniquely human context;*

- *they are aware of being aware (conscious);*

- *they have free will;*

- *every normal person are intentional about goals and personal achievement.*

In the light of these principles, the humanistic perspective on the customer in humanistic social work involves taking into account its potential capacity to recover, to fulfill as person, to be happy, taking into account its aesthetic, playful, epistemological and mystical needs. Namely, the spiritual needs.

Meeting and development the spiritual needs, the development of the spiritual personality is one of the most effective methods/ ways for the personal development of the customer, and enhance the perspective of personal/ social empowerment, recovery, reintegration, regardless of the education level, origin, age or types of social/ human problems.

Humanistic social work, as the third way in contemporary social work, takes over from traditional social work the care for the client as person, being, soul,

TRAVAIL SOCIAL HUMANISTE :
La personnalité et les relations humaines
– ressources et valeurs principales de la pratique

personality and focus on the compathetic, concrete context/ environment where he lives, while, from the critical/ radical social work the interest for social/ human progress and change.

In a complex representation and approach of the client, in the first case humanistic social work operates mainly with the concept of empathy, while in the second case with the concept of empowerment. The two terms, empathy and empowerment, having a constitutional role in the practice of the professional (social worker, caregiver, therapist etc.) humanistic social work.

6.

PROMOTING A HUMANISTIC PERSPECTIVE ON THE POLICIES, ACTIVITIES AND PRACTICES OF THE AUTHORITIES, SERVICES AND INSTITUTIONS

As is well known, social work is, theoretically and ideologically, based on the resources of the social and human sciences, of philosophy and other areas of the science and practice, but is also much conditioned of the political ideas, of the different ideologies from the history or from the present. This is one of the reasons why the theory and practice of social work, the activity of the services and institutions, are so complex and full of dichotomies and doctrinal or methodological contradictions, taking, so, from these the majority ideas and tools of practice, but also and the theoretical/ doctrinal debates, regarding the relationships between individual and society, freedom and responsibility, matter and spirit, structure and element, individualism and solidarity, stagnation and change (through evolution/ progress vs. revolution), etc.

Practically, largely, the ideas for strategies, decisions and practice of the social work services and institution coming from behind or from other areas of knowledge and practice, assimilating them, usually afterwards, in a specific manner, and adapt them to the proper purpose, mission and methods. Thus, these determine the specific politics and methodology of social work authorities to include orientations, ways, theories from the whole areas of contemporary ideologies, philosophies and socio-human sciences: conservator, socialist, liberal, feminist, phenomenologist, existentialist, post-modern, structuralist, behaviorist, psychosocial, cognitivist, holist, functionalist, criticist, traditionalist, radical, humanist, etc.

Yet, as we pointed out, at a first glance, social work, as ideology, theory and practice, is dominated by two, relatively opposed, major ways, forces, orientations, namely Traditional or Conventional Social Work and Radical or Critical Social Work. In an ideological and political view the Traditional or Conventional Social Work can be associated with the conservatorist orientation from politics, with the classical capitalism, whereas the Radical and Critical Social Work can be associated with the, so called, progressive policies and the new, critical, tendencies of the capitalist society, especially with the leftist orientation of policy.

TRAVAIL SOCIAL HUMANISTE :
La personnalité et les relations humaines
– ressources et valeurs principales de la pratique

The Traditional Social Work is the starting point in any theoretical and ideological discussion regarding the values, mission and methods of the social work services and institutions, for the simple reason that it is the first and original form, but also because it provides the fundamental system of values and purposes of the social work/ welfare practice. Human/ social solidarity, redistribution, sensibility and caring for the other's welfare are universal values and objectives of the social work, anytime and anywhere. But, the Traditional Social Work is accused of an attitude of condescension and contempt towards its clients, being considered an indispensable tool of the ruling classes from capitalist society. Especially the promoters of Radical and Critical Social Work states that the undeclared its mission is, in fact, to contribute at the maintain the capitalist state order, at the social and economic polarization, oppression, social injustice and other chronic/ structural societal anomalies.

Instead the main purpose of Critical and Radical Social Work is to move away from the traditional approaches, that were based on a medical and emotional model of the man, that places people in a passive position, with the focus on the person (especially on the material and emotional needs) rather than on the society and community as a whole, on the structural and systemic level, from where, according to the theoreticians of Radical and Critical Social Work, derived the chronic social and human problems. Thus, through its constitutional nature Critical Social Work is established also as a response and critical attitude, even revolutionary, against traditional/ conventional social work, promoting values, categories or practices such as: social change and community empowerment, structural social work, social justice, anti-oppression policies, radical changes.

If Traditional Social Work focuses the concern on the person welfare, here and now, in Critical Social Work the emphasis falls on the determination of some political structural transformations and changes so that the welfare to be derived from the optimal socio-economic structure/ constitution and the social justice, ontological-functional established. To this end, the authorities, services, institutions and practitioners being, thus, interested to a deserved and enduring welfare, with respect for the fundamental values of human dignity and rights, obtained both through social progress and change as well as through empowerment (especially the communities).

Between the two ideologies and policies of social work is situated, after our opinion, the humanistic orientation, Humanistic Social Work. The process of establishment, of this relatively new way in social work, is closely related to the offensive of humanistic thought in ideology, science and social practices, in psychology and psychotherapy, in microsociology. All in the context designed by postmodernism/ post-postmodernism in social theory and practice areas. Humanistic Social Work embrace social ideas, concepts and methods from the two established stances, but also brings many new, emergent, elements, according to the new social, human, economic, cultural realities and societal trends, and the new achievements in politics, science and practice. In this way, in addition, it can be stated that humanistic social work could become

TRAVAIL SOCIAL HUMANISTE :
La personnalité et les relations humaines
– ressources et valeurs principales de la pratique

one of the most important doctrinal/ methodological solution for many social and community problems in the present and in the future.

The necessity of a humanistic approach on the activities of authorities, services and institutions of social work, with emphasis on the theories and practices of empowerment and change, become evident especially after the fall of communism in Central and Eastern European countries, which collapsed several aspirations to achieving a society without inequality and oppression and with the impact of the economic crisis, which reduced many resources with whom to be helped the vulnerable peoples, individuals and social groups in need or difficulty, through the redistribution arrangements and social control, shocking seriously the welfare state.

The humanistic theory and methodology comes, in this context with solutions which combines elements from the two orientation, in crisis, from the traditional social work the interest for the person as human being, and from critical social work the interest for change and empowerment, the person and community, but propose yet a proper theoretical, doctrinal and methodological system, including upon the mission and activity of the authorities, services and institutions.

In order to assert and promote a humanistic perspective on the politics, activity and practice of the authorities, services and institutions in social work the HUMANISTIC SOCIAL WORK Project operates with the phrase humanistic social work "system", through which is placed in second plan the economic and functionalist values of the activity of authorities and services, and place in the first plan, as ethical-axiological and ideological foundation, the value-concept of worthy human being, autonomous and happy, obtained by personal and community development and empowering.

So, the concept humanistic social work "system" links the personal welfare to community welfare, and promote the development of both through human and cultural empowerment/ development. The concept involves also a humanistic perspective on community and society as a whole, and operate with the value-concept humane community and humane society. It is both an ideal, a system of values, a model, but also an objective of the authorities and services' activities.

As a community is more developed in human, cultural, moral, economic terms, the more its members are safe from vulnerabilities and the risk to getting in trouble. The humanistic social work axiology promotes, so, the importance of the socio-human and cultural factors in groups and society, in personal and community welfare, placing in second plan the technological, economical, material factors. In this end, and the activities of the services and institutions are focused on the socio-human and cultural changes and empowerment, both at the individual and group (family, communities, organizations, institutions) level, putting a great emphasis on maintaining a high level of harmony and socio-human functionality in communities, and restoration the breakdowned socio-human relationships and cohesion/ compathy, especially in families and care institutions.

TRAVAIL SOCIAL HUMANISTE :
La personnalité et les relations humaines
– ressources et valeurs principales de la pratique

In the care institutions, for example, very important are the quality and style of the management. The manager. also the worker, from a residential/ care institution, in the view of humanistic social work values, is a "man with a big heart". The humane/ soulful qualities, the positive, compathetic, visionary personality gives to manager's behavior flexibility, adaptability, sociability, communication, agreeability, tolerance, focuses it on the human goals of the care institution, help to prevent and resolve serious conflicts at all levels - intrapersonal, interpersonal, of group or institutional, enhances the complacency degree of customers and staff, of satisfaction (happiness), enhances the positive feeling of belonging to the organization.

Thus, in conclusion, in humanistic social work system the authorities, services, institutions and professionals are interested of material wealth, food, housing, material comfort but especially of human and spiritual/ cultural wellbeing of the community and person, of the dignity and condition of human being of the client. The quality of human relationships, cultural quality of the community where lives the client, the quality of socio-moral climate are important factors that helps him to overcome the difficult situation, to reintegrate into the community and to be fulfilled as person.

7.

ESTABLISHING AND PROMOTING THE SPECIFIC AND CORE MISSION, VALUES, OBJECTIVES AND PRINCIPLES OF THE HUMANISTIC SOCIAL WORK PRACTICE

In this perspective the mission of humanistic social work practice would be to promote a compathetic attitude in the practitioner-client relationship, by creating a socio-human environment based on empathy, love and humanity, by humanizing the community, by changing the customers and communities through empowerment, personal/ community development and responsibility, starting from the person/ community right to happiness and well-being, but and from their right to dignity and self-determination.

One of the most important mission of the humanistic social work practice is the interventions in the personal and social crises, dramatic or at limit situations. The professionals from social work services are faced and with social and human problems caused by political or economic crises, social, natural or health disasters, blows, with great economical, psychological or medical impact. Some of these cannot be overcome because of the force of impact, damaging, irreparably, destinies, lives, careers, families, communities.

The affected people and communities experiences individual or collective dramas, impossible to describe, which the workers from social services must to intuit the human dimension, to represent them at the true intensity and meaning, to be helpful and to intervene through the humanistic social work methods, to improve the situations, relief of suffering and mitigate the effects, especially on children.

TRAVAIL SOCIAL HUMANISTE :
La personnalité et les relations humaines
– ressources et valeurs principales de la pratique

Decrease the pain of unhappy customer, growth the spiritual well-being, personal development and gaining autonomy through empowerment, personal/ social/ moral/ spiritual development and social-human integration are among the most important tasks of the humanistic practitioner. In the complex and unitary methodological context the humanistic practitioner will focus especially on the spiritual, psychological and socio-human sphere of the client's personality.

The goal is and the ontological harmonization of internal and external relationships within the group/ community, with effects on the development of the personality's ontological consistency of the person/ client and diminishing the risk to entry in risk or difficult situation.

So, one of the most important role of the humanistic social worker is to enable the client, a person or community, to become capable of coping with the crisis situations and difficult situations which can appears any time. This must to promote, also, the social justice, personal development of the customers, the complexity of human being, methodological flexibility, valorization of the client's creativity, development of the Self and the capitalization of spiritual potential of the human personality. The humanistic social worker have also a consistent role of educator, trainer, which involves mainly giving information and developing skills to clients, but first, must be a good educator, must to be himself knowledgeable and a good communicator.

Humanistic social work, which, up to a point, is identical with the social work/ welfare as a whole, highlights, according to the most important guidelines of humanistic thought, respectively ontological-spiritual, positive-psychological, and ethical-philosophical, the following fundamental types of values, concepts and objectives in practice: promoting the person/client as a concrete and complex human being, the happiness and its fundamental interests, feelings and values; promoting the spiritual well-being and development of the person, and the cultural and moral well-being and development of the community; promoting the human development, empowerment and self-determination of the person/client and community; promoting the human dignity, social justice, equality, solidarity, compathy.

The main resources for solving the problems in humanistic social work practice are the human micro-community (compathy) and the actors' personality (empathy) involved in the process of intervention and social/ human reintegration. The client and the professional form an human-ontological unity in the process of rehabilitation, empowerment and social/ human integration. According to Malcolm Payne (2011) at the base of the humanistic social work practice should stay the following objectives and principles: accountability, psychological efficacy and social agency, achieving personal and social equality, flexibility in human life and professional practice, complexity in human life and professional practice, achieving caring and creativity in practice, developing self and spirituality in practice, developing security and resilience in practice.

TRAVAIL SOCIAL HUMANISTE :
La personnalité et les relations humaines
– ressources et valeurs principales de la pratique

8.

ESTABLISHING AND PROMOTING THE HUMANISTIC SOCIAL WORK METHODOLOGY AND METHODS IN PRACTICE

Essentially, the specific methodology of humanistic social work, of the HUMANISTIC SOCIAL WORK Project, puts in the forefront the casework's concepts, values, principles and practices. Of course, into the humanistic social work practice frameworks we'll talk about humanistic casework.

Through the humanistic casework methodology the professionals, in humanistic social work system, attempt, mostly, to help people who have psychological-spiritual and socio-humane problems, to help people who have difficulties in coping with the problems of daily living.

Of course, it is one of the direct methods used by professionals, services and authorities in humanistic social practice, in assessment, intervention and monitoring, which uses the case-by-case approach for dealing, especially, with individuals or families as regards their psychological-spiritual and socio-humane problems, involving here in particular the problems of adaptation / integration, and those that cause great sufferings.

Besides, or the in the context of using the humanistic casework, the methods adopted/ adapted from the humanistic psychology/ psychotherapy, the appreciative methods and the balance method are among the most important methods, methodological resources of the humanistic social work practice.

The methods adopted/ adapted from the humanistic psychotherapy brings in humanistic social work practice the principle of rehabilitation (social/ human integration) by focusing on the client's needs and feelings, through human and spiritual development, concentrating the intervention on the resource and strengths and not on the problem. The core idea of the client-centered therapy is that, in therapeutic process, to take the clients' accounts seriously, because they are the basis for helping, by finding their inner resources in his personality and concrete human relationships. Idea very useful also in social work, more so in humanistic social work. Gestalt psychotherapy emphases the importance, for the client, being aware of the here and now and accepting responsibility for his situation, while positive psychotherapy is based on the beliefs that all people are fundamentally good and they have the personal-constitutional capacity to be happy.

Appreciative methods promotes, as objective, the solving of social/ human problems through the appreciation, knowledge and increasing the optimistic, positive clients' expectations related to his personal evolution and the results of the intervention/ support activity.

Balance Method is a humanistic method both of evaluation and intervention/ support/ care, which operates with the following onto-balances: the balance of socio-affective onto-systems; the balance of socio-cognitive onto-systems; the

TRAVAIL SOCIAL HUMANISTE :
La personnalité et les relations humaines
– ressources et valeurs principales de la pratique

balance of relationships and role-status onto-systems; the balance of attitudinal, cultural and spiritual onto-systems, etc.

The HUMANISTIC SOCIAL WORK Project, despite the appearances, attach great importance to the scientific method, to research and the evidence-based practice. It uses the evidence-based methods and practices to understand and address scientifically the human relationships and behavior, human growth and the social issues, to respond responsibly to the enormous complexity of the human personality and community.

9.

ESTABLISHING AND PROMOTING AN EXPRESS HUMANISTIC CODE OF ETHICS IN PRACTICE

The humanistic social work code of practice puts in the center of attention the value of human dignity. In this sense, the representation and approach, in theory, axiology and practice, of the client as human being involves a greater responsibility to take in consideration the needs for happiness and a good live, in parallel with the concern for the customer's empowerment and autonomy.

So, in humanistic social work "system" the activity is based on the value, dignity and uniqueness of each and every person, respect for their rights at liberty, equality, and happiness. One of the main task of the professionals is to improve and empower individuals, families, groups and communities, to encourage their autonomy, their subjectivity, their capacity to assume responsibility.

In accordance also with the provisions of the Code of Ethics of the National Association of Social Workers, from United States, the humanistic practitioner appreciate and works for empowering the personality of every client, he respects any client who has a query, a need or a problem, as a person who is unique and distinct from others in a similar situation, and takes into account the concrete socio-human circumstances where he live.

No one, in the humanistic social work "system", must apply any form of discrimination in the execution of his profession, whether in terms of age, gender, marital status, ethnicity, nationality, religion, social status, political ideology, mental or physical disability or any other difference that characterizes any one person.

The humanistic worker use all their professional qualities and skills to encourage clients to be self-determined, self-sufficient and pro-active participants in course of action undertaken to assist them, and to foster a relationship based on mutual trust. To this end he takes into account the particular client's cultural characteristics.

The humanistic social worker must behave in a manner consonant with the decorum and dignity of the profession. He may not, in any circumstances, abuse his professional status. This must ensure that his professional competence and skills are always up to date so that he can use them to assist

TRAVAIL SOCIAL HUMANISTE :
La personnalité et les relations humaines
– ressources et valeurs principales de la pratique

clients until such time that any problems have been resolved or for as long as he is legally required to do so.

The humanistic social worker must respect the right of the clients to privacy and confidentiality within any limits imposed by prevailing laws. He has the obligation to treat all information and material obtained about them as confidential and he must obtain informed consent to use it. Is required to exercise professional secrecy regarding what he knows as a result of his work, whether he is employed by a public or private body or whether he is self-employed.

In humanistic social work "system" every professional has an active role in the promotion, development and advancement of all integrated social policies aimed at fostering social and civic advancement, emancipation and responsibility within the community, and in any programs designed to improve the quality of life.

Also, he must deal with his colleagues, and any other professionals, with whom he is working, in a manner that is honest, polite, loyal and in a spirit of collaboration. His activity, conduct and decision is based on the scientific elements of the profession at all levels and in all their various forms, along with the ethical and moral ideals it embodies. Furthermore, he must act in a committed manner and under professional supervision and research.

10.

PROMOTING AND DEVELOPING A HUMANISTIC PERSPECTIVE ON THE PRACTITIONER'S PERSONALITY, BEHAVIOR AND ACTIVITY; HIGHLIGHTING THE IMPORTANCE OF THE HUMANE AND SPIRITUAL QUALITIES OF THE PROFESSIONAL AS CORE RESOURCE OF PRACTICE

Promoting the importance of a humanistic approach on the practitioner's personality, behavior and activity, the importance of the humane and spiritual qualities of the professional as core resource of practice in one of the most important purpose of the HUMANISTIC SOCIAL WORK Project.

Because between the professional's personality and the client's personality it establishes a high degree of congruence, (empathetic, human, spiritual) the cultivation of spiritual and human values of the professional's personality, as well as the development of a consistent specific literature related to the professional's conduct and activity is an important theoretical concern, the topic approached with predilection, in the humanistic social work theory and methodology framework.

Through qualities and conducts as kindness, altruism and empathy, helpfulness, through creativity, aesthetic sensibility, authentic faith, concern for truth, balanced personality the professionals will send and stimulate the development of spiritual features at the customers level too, factually sending to them positive energy, happiness, aesthetic, intellectual, spiritual, playful energy and qualities; thus contributing at their personal development,

TRAVAIL SOCIAL HUMANISTE :
La personnalité et les relations humaines
– ressources et valeurs principales de la pratique

increasing the self-esteem, social consciousness, the capacity of initiative, social autonomy, fulfilling the true mission of the humanistic social work practice.

So, it will transmit empathy, humanism, agreeability, happiness and balance to the customers, will help their personal development, enhancing the social reintegration perspectives, knowing that the personal and social autonomy is conditioned also of the degree of personal development or happiness.

The objective of practice, focused on person/ client, would be to stimulate the development or formation of a personality structure where the spiritual formation is consistent and has high percentage in the structure and economy of the personality - the client will have an optimistic but realistic self-perception, a relatively high self-esteem, confidence, aspirations, a consistent ego. Also, this will be describe like an active, adaptive person, with functional interpersonal relationships, presence of spirit, eager for social reintegration and regain the dignity.

The professional and client's empathy is, without doubt, one of the most underused therapeutic resources in the social practices, including social work. But the humanistic social work give its a crucial role. In practice, empathy and compathy must to be represented and approached as phenomena and processes of very great complexity, depth and finesse, that involve the professional's personality and feelings, and the client's personality and feelings, that involve, in the assistential/ therapeutic/ educational process, the persons and the group/ groups, the individual and the society, the group and the society, feelings and representations, values and beliefs, feelings and ideas, the material and spiritual existence.

That is the reason why the empathetic/ compathetic capacity of the worker's personality and behavior is not an alternative, an option, but a consubstantial necessity of any profession on the social work field, particularly in the child welfare and social work, but also in the elderly and disabled. Through empathy the worker's personality becomes sensitive to the sufferings and problems of the people in need, and, at the behavioral level, acquires agreeability.

Others important personality resources and qualities of the worker in humanistic social work practice are the happiness and spirituality. There are a number of personal/ personality characteristics such as level of happiness, interior comfort, irony, relaxed attitude towards life hardships and professional difficulties, ie the soulful welfare and happiness, which are crucial qualities in social work practice, because they are the source of human/ humanitarian sensitivity, the empathy and agreeability - defining features of the professionals, especially those working directly with children.

The importance of spirituality, as quality of the professional's personality, is given by the fact that the relationship with the client is not objectual but "spiritual". The term can help us to understand more deeply, completely and complex the nature and specific of the professional-customer relationship. Beyond the primary goal of the social reintegration or economic rehabilitation,

TRAVAIL SOCIAL HUMANISTE :
La personnalité et les relations humaines
– ressources et valeurs principales de la pratique

the customer expects also related services such as tolerance, understanding, humor, aesthetics sensibility, morality, creativity, spirituality. It is, so, impossible to imagine professional efficiency in the jobs that involves working with people in need and suffering, without empathy, soulful welfare and happiness, and spirituality.

In conclusion and the synthesis, we believe that the following personality's qualities, predispositions and conducts determines the efficiency of the professional in humanistic social work practice, in the activity to achieve the specific professional tasks: empathy, soulful welfare, state of happiness, spirituality, agreeability, extraversion, sociability, tolerance, openness to new ideas, epistemological and methodological flexibility, mature personality, emotional stability, self-control, detachment, etc.

On the view of the humanistic values, principles and theories the training, recruitment and appraisal of the personnel is a unitary phenomenon and follow that the worker in this field to not be some mere servants who simply deliver some "services" but a complex human beings, with a strong soul, with empathetic personality, with a deep knowledge of what is the man as being extremely complex. The social worker of the beginning of the third millennium is able to contribute effectively both to reducing the client's suffering and increase their ability to adapt and autonomous integrate in community. The formative-educational objectives are achieved mainly by promoting the humanistic values and model of the professional in social care areas through the specific literature or through the educational system, by increasing the number of humanistic courses, of humanistic psychology, pedagogy and sociology, of philosophy, culture and spirituality.

This is because the humanistic social worker, caregiver or psychologist is focused, with priority, on the soul, on the spiritual, empathetic, subjective, emotional issues of the client, on the existential bottlenecks, on group and personal dramas, on the moral and spiritual aspects of the problem. For this, the real problems are of human, emotional, spiritual nature.

The assessment of the personality traits such as altruism, agreeability, tolerance, kindness, etc. and not just strictly the instrumental technical professional skills and knowledge is increasingly a common practice in the recruitment and evaluation of staff in social care/ welfare system. The reason is very simple: to work with people, especially the suffering, difficulties and personal failure, calls for these qualities.

In the assessment process, therefore, are followed, in this context, personality traits such as playful spirit, cheerfulness, good general appearance, sociability, human (humanitarian) sensitivity, agreeability, vocation for working with the person in distress, balanced personality, interior comfort, irony, flexibility, extroversion, tolerance, nondiscrimination, adaptability, respect for life, happiness, idealism, confidence, emotional stability, self-control, presence of spirit, resistance to frustration, openness to new ideas and values etc.

TRAVAIL SOCIAL HUMANISTE :
La personnalité et les relations humaines
– ressources et valeurs principales de la pratique

Conversely, the following devices, disposition and personality factors limit, hinders the worker efficiency in the effort to achieve the professional duties: insensibility, unhappiness, chronic psychological distress, intolerance, depressive background, resistance at change, tendency to conserve a system of values and norms, opposition to new, conformism - obedience, lack of flexibility and suppleness of thought, dogmatism, reduced adaptability, stubbornness, misconceptions, unfounded ideas, attitudinal rigidity, resistance to information and change, to correction, inflexible attitudes to food, dress, political preference, sexual orientation, minorities, discrimination, emotional lability, immature personality, increased irritability, selfishness, lack of presence of spirit etc.

The core idea of the HUMANISTIC SOCIAL WORK Project is that the practitioner not only provide compensatory aid, or merely offers "services", it does not work only for the customers' survive, even if these are important tasks, but seeks to relieve the client suffering, and change his social condition through his agreeable presence, through its personality's altruism and optimism, through its opened mind and soul.

TRAVAIL SOCIAL HUMANISTE :
La personnalité et les relations humaines
– ressources et valeurs principales de la pratique

RÉFÉRENCES

Allan, J., Pease, B, Briskman L. (2003), *Critical social work*, Melbourne: Allen & Unwin.

Allen, J., Blinc M. (2015) *Developpement Personnel: l'homme est le reflet de sa pensée*, CreateSpace.

Allport, G.W. (1961), *Pattern and growth in personality*, New York: Holt, Rinehart &. Winston.

Allport, G. W (1985), The historical background of social psychology, In Lindzey, G; Aronson, E, *The Handbook of Social Psychology*. New York: McGraw Hill.

Austin, M.J. (2013), *Social Justice and Social Work: Rediscovering a Core Value of the Profession*, Thousand Oaks, CA: Sage Publications, Inc.

American Humane Association (2004), *Helping in Child Protective Services: A Competency-Based Casework Handbook*, Oxford University Press.

Andrieux, C. (1973), Perspectives nouvelles de recherche en personnologie. In: *L'année psychologique*. vol. 73, n°2. pp. 681-707.

Arnet, J.J. (2011), *Human Development: A Cultural Approach*, Pearson.

Ashcraft, D. (2014), *Personality Theories Workbook*, 6 Edition, Wadsworth Publishing.

Batson, C.D. (2011), *Altruism in Humans*. New York: Oxford University Press.

Beck, U. (1992), *Risk Society - Towards a New Modernity*, London: Sage.

Beckers, J. (1979), Le travailleur social et sa pratique, *Déviance et société*, Volume 3, Numéro 3, pp. 265-278.

Bellinger A, Elliott T. (2011), What are you looking at? The potential of appreciative inquiry as a research approach for social work. *British Journal of Social Work* 41: 708–725.

Bianco M.G., (2014), *Letters to My Sons: A Humane Vision for Human Relationships*, CreateSpace.

TRAVAIL SOCIAL HUMANISTE :
La personnalité et les relations humaines
– ressources et valeurs principales de la pratique

Bickhard, M.H. (2012), The emergent ontology of persons. In: Jack Martin and Mark H. Bickhard (eds.) *The Psychology of Personhood.* pp. 165-180.

Biestek, F.P, Gehrig, C.C. (1978), *Client Self-Determination in Social Work,* Loyola Press.

Bowlby J. (1999), *Attachment. Attachment and Loss* (vol. 1) (2nd ed.), New York: Basic Books.R. Brown.

Cojocaru, S. (2013), *Appreciative Inquiry in Social Work: Theories and practices,* LAP LAMBERT Academic Publishing.

Cottraux, E. (2012), *Psychologie positive et bien-être au travail,* Elsevier Masson.

Cottraux, J. (2003), *Terapiile cognitive,* Iaşi: Editura Polirom.

Cottraux, J. (2007), *La force avec soi: Pour une psychologie positive,* Editions Odile Jacob.

Dominelli, L. (2002), *Anti-Oppressive Social Work Theory and Practice,* London: Palgrave Macmillan.

Ellenhorn, R. (1988), *Toward a Humanistic Social Work: Social Work for Conviviality,* New Jersey: Association for Humanist Sociology.

Erikson, E. H., Erikson, J.M. (1998), *The Life Cycle Completed ,* W W Norton & Co Inc.

Frankl, V. E. (1967), Psychotherapy and existentialism: Selected papers on logotherapy. New York: Simon and Schuster.

Frankl, V. (2012), *Le Dieu inconscient. Psychothérapie et religion,* Paris, InterEditions.

Garfinkel, H. (2006), *Seeing sociologically,* Boulder, CO, Paradigm Publishers.

Gerdes, K. E., Segal, E. A. (2011), The importance of empathy for social work practice: Integrating new science, *Social Work,* 56(2), 141-148.

Gerdes, K. E. (2011), Introduction: 21st century conceptualizations of empathy: Implications for social work practice and research, *Journal of Social Service Research,* 37(3), 226-229.

Gill, D.W. (2000), *Becoming Good: Building Moral Character,* IVP Books.

Goldstein, H. (1984), *Creative Change: A Cognitive-Humanistic Approach to Social Work Practice,* Routledge.

TRAVAIL SOCIAL HUMANISTE :
La personnalité et les relations humaines
– ressources et valeurs principales de la pratique

Goldstein, E.G. (1995), *Ego Psychology and Social Work Practice*: 2nd Edition, The Free Press.

Harkness, D. (2002), *Supervision in Social Work,* Columbia University Press.

Habermas J., Lenhardt, C. (2001), *Moral Consciousness and Communicative Action,* The MIT Press.

Hoffman, M.L. (2000), *Empathy and moral development: Implications for caring and justice.* New York: Cambridge University Press.

Horner, N., Kindred, M. (1997), *Using Humanist/Existential Theories in Social Work* (Using Theories in Social Work), Open Learning Foundation.

Horner, N., (2004), *Reviving relationships: humanistic approaches to social work,* Venture Press.

Howe, D. (1995), *Attachment Theory for Social Work* Practice, Palgrave Macmillan.

Howe, D. (2009), *A Brief Introduction to Social Work Theory,* Palgrave Macmillan.

Humanistische Akademie. (1998). *Humanistische Sozialarbeit,* Berlin: Humanistische Akademie. Series: Humanismus aktuell, H. 3. Jg. 2.

Karsz, S. (2004), *Pourquoi le travail social? Définition, figures, clinique,* Paris, Dunod.

Kelly G.A. (1991), *The Psychology of Personal Constructs,* London: Routledge.

Kirsley, D. (2010), *Personology,* Prometheus Nemesis Book Company.

Krill, D.F. (1978), *Existential social work,* New York: Free Press.

Latané, B. (1981), The psychology of social impact, *American Psychologist,* 36, 343-356.

Lavalette, M. (ed.) (2011), *Radical Social Work Today: Social Work at the Crossroads,* Bristol: Policy Press.

Madanes, C. (2006), *The Therapist as Humanist, Social Activist, and Systemic Thinker,* Zeig, Tucker & Theisen, Inc.

Maddi, S.R., Costa, O.T. (1972), *Humanism in Personology: Allport, Maslow, and Murray* (Perspectives on personality), Aldine•Atherton.

Mayo, E. (1933), *The human problems of an industrial civilization.* Cambridge, MA: Harvard.

Martin, J.C. (2010), *La bible de la communication non verbale,* Éd. Leduc.

TRAVAIL SOCIAL HUMANISTE :
La personnalité et les relations humaines
– ressources et valeurs principales de la pratique

Marsico, K. (2016), *Humane Society (Community Connections: How Do They Help?, North Mankato: Cherry Lake Publishing*, Reprint edition.

Maslow, A.H. (1970), *Motivation and Personality*, 2nd Ed. New York: Harper & Row.

Maslow, A.H. (1993), *The Farther Reaches of Human Nature*, Penguin/ Arkana.

Maslow, A.H. (2011), *Toward A Psychology of Being* - Reprint of 1962 Edition, Martino Fine Books.

Merleau-Ponty, M. (1965), *Les sciences de l'homme et la phénoménologie*, Paris, PUF.

Miller, C. (2013), *Moral Character: An Empirical Theory*, Oxford University Press.

Mullaly, B. (2006), *The New Structural Social Work: Ideology, Theory, Practice*, 3rd (third) Edition, Oxford University Press.

Mullaly, B. (2002), *Challenging Oppression: A Critical Social Work Approach*, Oxford University Press.

Murray, H. A. (2007). *Explorations in Personality*. Oxford University Press; 70th Anniversary Edition.

O'Hare, T. (2005), *Evidence-Based Practices for Social Workers: An Interdisciplinary Approach*, Lyceum Books.

Payne, M. (2011), *Humanistic Social Work. Core Principles in Practice*, Basingstoke, Hampshire, England: Palgrave Macmillan.

Payne, M. (2005), *Modern Social Work Theory*, Lyceum Books.

Perls, F. (1971), *Gestalt therapy verbatim*. New York: Bantam Books.

Polkinghorne, D. E. (1993), Research methodology in humanistic psychology. *The Humanistic Psychologist*, 20(2-3), 218-242.

Paturel D. (2014), *Recherche en travail social : les approches participatives*. Nîmes : Champ Social Editions.

Plotnik, R., Kouyoumdjian, H. (2007), *Introduction to Psychology*, Belmont: Wadsworth Publishing Company.

Punalekar, S.P. (1983), *Deprivation, institutionalisation and development: A study of child welfare institutions in Gujarat*, Centre for Social Studies.

Roberts, A.R., Yeager, KR. (2006), *Foundations of Evidence-Based Social Work Practice*, Oxford University Press.

TRAVAIL SOCIAL HUMANISTE :
La personnalité et les relations humaines
– ressources et valeurs principales de la pratique

Rogers, C. R. (1951), *Client-Centered Therapy: Its Current Practice, Implications, and Theory*, Boston: Houghton Mifflin.

Rogers, C.R. (1959), A Theory of Therapy, Personality and Interpersonal Relationships as Developed in the Client-centered Framework. In (ed.) S. Koch, *Psychology: A Study of a Science*, New York: McGraw Hill.

Rogers, C.R. (1977), *On Personal Power: Inner Strength and Its Revolutionary Impact*, Delacorte Press.

Rogers, C.R. (1980), *A Way of Being*, Boston: Houghton Mifflin.

Rubin, A, Babbi, E.R. (2012), *Research Methods for Social Work*, Brooks/Cole Empowerment.

Seligman, M.E., Csikszentmihalyi, P. (2000), Positive Pshyhology, în *American Psychologist*, vol. LV, nr. 1.

Stairs, J. (2000), *Listening for the Soul: Pastoral Care and Spiritual Direction*, Fortress Press.

Storr, A. (1992), *The Integrity of the Personality*, Ballantine Books.

Stefaroi, P. (2009), *Teoria fericirii în asistența socială* (La théorie du bonheur en travail social), Iasi: Lumen.

Stefaroi, P. (2012), Paradigma umanistă a asistenței sociale sau scurtă introducere în asistența socială umanistă (Le paradigme humaniste du travail social ou brève introduction en travail social humaniste), en *Revista de Asistenta Sociala*, Nr. 1, Iasi: Polirom.

Stefaroi, P. (2014), *Humane & Spiritual Qualities of the Professional in Humanistic Social Work: Humanistic Social Work – The Third Way in Theory and Practice*, CreateSpace, Charleston SC, an Amazon.com Company.

Stefaroi, P. (2015), *Humanistic Personology: A Humanistic-Ontological Theory of the Person. Applications in Therapy, Social Work, Education, Management and Art (Theatre)*, CreateSpace, Charleston SC, an Amazon.com Company.

Stets, J. E., Carter, M. J. (2011), The moral self: Applying identity theory. *Social Psychology Quarterly*, 74, 192–215.

Vanier, J. (1989), *Community and Growth*, New York: Paulist Press.

Wheeler, G. (1991), *Gestalt reconsidered*, New York: Gardner Press.

Wilber, K. (2000), *Integral Psychology: Consciousness, Spirit, Psychology, Therapy,* Shambhala.

Wing Sue, D. (2006), *Multicultural social work practice*, USA: WILEY.

TRAVAIL SOCIAL HUMANISTE :
La personnalité et les relations humaines
– ressources et valeurs principales de la pratique

Wisner, A. (1988), *Ergonomía y Condiciones de Trabajo*, Buenos Aires: Humanitas.

William K. F. (2012), *Opening to the Sacred: A Humanist Approach to Holistic Spirituality*, Premium Prose Publishing.

Znaniecki, F. (1969), *On humanistic sociology*, Chicago: University of Chicago Press.

Znaniecki, F. (1934), *The method of sociology*, New York: Farrar and Rinehart.

*** www.casw-acts.ca/fr/le-travail-social-international

TRAVAIL SOCIAL HUMANISTE :
La personnalité et les relations humaines
– ressources et valeurs principales de la pratique

BIBLIOGRAPHIE CONSULTÉE

Antony, M. (2008), *Shyness and Social Anxiety Workbook: Proven, Step-by-Step Techniques for Overcoming your Fear Pape*, Second Edition, New Harbinger Publications.

Arts, W., Muffels, R., Meulen, R. (2001), *Solidarity in Health and Social Care in Europe* (Philosophy and Medicine), Kluwer Academic Publisher.

Austin, M.J. (2013), *Social Justice and Social Work: Rediscovering a Core Value of the Profession*, SAGE Publications, Inc.

Bailey, R., Brake, M. (1975). *Radical Social Work,* Pantheon Books.

Barlow, D.H. (2007), *Clinical Handbook of Psychological Disorders*, Fourth Edition: A Step-by-Step Treatment Manual (Barlow: Clinical Handbook of Psychological Disorders), The Guilford Press.

Bandura, A. (1975), *Social Learning & Personality Development*, NY: Holt, Rinehart & Winston, INC.

Bandura, A., Locke, A. E. (2003), Negative self-efficacy and goal effects revisited. *Journal of Applied Psychology.*

Barty, J., Redding, E. (2013), Reforming Social Work: Improving Social Worker Recruitment, Training and Retention, Policy Exchange.

Batson, C.D. (2011), *Altruism in Humans.* New York: Oxford University Press.

Baumeister, B.R.F., Bushman, B.J. (2013), *Social Psychology and Human Nature*, Cengage Learning.

Beaumont, H., Cobb Jr., J.B. (2012), *Toward a Spiritual Psychotherapy: Soul as a Dimension of Experience*, North Atlantic Books.

Benner , D.G. (2011), *Soulful Spirituality: Becoming Fully Alive and Deeply Human*, Brazos Press (March.

Berger, P.L., Luckmann, T. (1967), *The Social Construction of Reality: A Treatise in the Sociology of Knowledge*, Anchor.

Bergin, A.E. (2003), *Casebook for a Spiritual Strategy in Counseling and Psychotherapy*, Amer Psychological Assn.

Bergson, H. (2007), *Mind-Energy*, Palgrave Macmillan

TRAVAIL SOCIAL HUMANISTE :
La personnalité et les relations humaines
– ressources et valeurs principales de la pratique

Berkowitz, N. (1996), *Humanistic Approaches to Health Care: Focus on Social Work (Social Work in a Changing World)*, Venture Press.

Boudon., R. (1971), *La crise de la sociologie*, Geneve: Droz.

Bounds, M. (2010), *Welfare Policy: Feminist Critiques*, Wipf & Stock Pub.

Bowling, D., Ho attachments ffman, D. (2003), *Bringing Peace Into the Room: How the Personal Qualities of the Mediator Impact the Process of Conflict Resolution*, Jossey-Bass.

Bradford, D.L., Burke, W.W. (2005), *Organization Development*, San Francisco: Pfeiffer.

Briar, S., Miller, H. (1971), *Problems and Issues in Social Casework*, New York: Columbia University Press.

Buechler, S.M. (2008), *Critical Sociology*, Paradigm Publishers.

Byers, S.C. (2012), *Perception, Sensibility, and Moral Motivation in Augustine: A Stoic-Platonic Synthesis,* Cambridge University Press.

Bywater, I. (2010), *Aristotelis Ethica Nicomachea* (Cambridge Library Collection - Classics) (Ancient Greek Edition), Cambridge University Press.

Canda, E.R., Furman, L.D. (2009), *Spiritual Diversity in Social Work Practice: The Heart of Helping,* Oxford University Press.

Chansky, T.E. (2008), *Freeing Your Child from Negative Thinking: Powerful, Practical Strategies to Build a Lifetime of Resilience, Flexibility, and Happiness,* Da Capo Lifelong Books.

Chelf, C.P. (1992), *Controversial Issues in Social Welfare Policy: Government and the Pursuit of Happiness* (Controversial Issues in Public Policy), SAGE Publications, Inc.

Cicchetti, D., Carlson, V. (1989), *Child Maltreatment: Theory and Research on the Causes and Consequences of Child Abuse and Neglect,* Cambridge University Press.

Cloke C., Davies M. (1995), *Participation and empowerment in Chid Protection,* London, Pitman.

Coleman, C. (1998), *The Volunteer,* Grand Central Publishing.

Collins, D., Jordan, C., Coleman, H. (2010), *An Introduction to Family Social Work*, Belmont, Brooks/Cole.

Comte, A. (2004), *Catéchisme positiviste ou Sommaire exposition de la religion universelle,* Kindle Edition, EbooksLib.

Corey, G. (2012), *Theory and Practice of Counseling and Psychotherapy,* Cengage Learning.

Cournoyer, B.R. (2013), *The Social Work Skills Workbook,* 7 edition, Cengage Learning.

TRAVAIL SOCIAL HUMANISTE :
La personnalité et les relations humaines
– ressources et valeurs principales de la pratique

Crisp, B.R., Beddoe, L. (2012), *Promoting Health and Well-being in Social Work Education*, Routledge.

Gilligan, P. and Furness, S. (2006), The Role of Religion and Spirituality in Social Work Practice: views and experiences of social workers and students, *British Journal of Social Work*, 36 (4), 617 637.

Cross, M.C. (2001), *Becoming a Therapist: A Manual for Personal and Professional Development*, Routledge.

Cuin, C.H. (2006), The nomologic approach in sociology, *Revue suisse de sociologie*, Switzerland, Seismo Verlag.

Cummins, K., Sevel, J.A., Pedrick, L. (2011), *Social Work Skills for Beginning Direct Practice: Text, Workbook, and Interactive Web Based Case Studies,* (3rd Edition), Pearson.

Cusick, A. (2011), *The Psychology of the Soul*, CreateSpace, Charleston SC, an Amazon.com Company.

Danesh, H.B. (1994), *Psychology of Spirituality*, Paradigm Publishing.

DeVries, R., Zan, B. (2012), *Moral Classrooms, Moral Children: Creating a Constructivist Atmosphere in Early Education,* Teachers College Press.

De Robertis C. (2007), *éthodologie de l'intervention en travail social: l'aide à la personne*, Paris, Bayard.

Deurzen, E., Kenward, R. (2005), *Dictionary of Existential Psychotherapy and Counselling.* SAGE Publications.

Doherty, W.J. (1996), *Soul Searching: Why Psychotherapy Must Promote Moral Responsibility*, Basic Books.

Dominelli, L., Mc Leod, E. (1989), *Feminist Social Work*, MacMillian Press Ltd.

Dominelli, L. (2002), *Anti-Oppressive Social Work Theory and Practice*, Palgrave Macmillan.

Edwin, L. (2007), *Projective Psychology - Clinical Approaches To The Total Personality*, Pratt Press.

Elkin, D. (2009), *Humanistic Psychology: A Clinical Manifesto. A Critique of Clinical Psychology and the Need for Progressive Alternatives,* Universities of the Rockies Press.

Elrefai, T. (2013), *Diversity to Unity: A journey to a vision of humanism,* Commoners.

Ellis, A. (1974), *Humanistic Psychotherapy: The Rational-Emotive Approach,* Mcgraw-Hill.

Ellis A., Abrams, M., Abrams, L.D. (2008), *Personality Theories: Critical Perspectives,* SAGE Publications, Inc.

TRAVAIL SOCIAL HUMANISTE :
La personnalité et les relations humaines
– ressources et valeurs principales de la pratique

Else, J.F. (1977), *Purposive social change: A radical humanist perspective,* Social Work Foundation, School of Social Work, University of Iowa.

Elson, M. (1988), *Self Psychology in Clinical Social Work,* W. W. Norton & Company.

Endler, N., Parker, J. (1992), Interactionism revisited: Reflections on the continuing crisis in the personality area, în *European Journal of Personality,* 6, pp. 177-198, http://www.ourfutureenvironment.org/personality/wp-content/uploads/2010/08/endler_ interactionism.pdf.

Feldman, R. (1985), *Reliability and Justification, în The Monist,* Buffalo, NY: Open Court Publishing Company.

Filip, J., McDaniel, N., Schene, P. (1999), *Helping in child protective services. A competency-based case-work handbook,* American Human Asociation, Englewood, Colorado.

Fox, P.J. (2011), *Heart of a Caregiver: Touching Lives with Compassion and Care,* Simple Truths.

Freud, S., Strachey, J., Hitchens, C., Gay, P. (2010), *Civilization and Its Discontents* (Complete Psychological Works of Sigmund Freud), W. W. Norton & Company.

Friedman, H.S., Schustack, M.W. (2010), *Personality: Classic Theories and Modern Research* (5th Edition), Pearson.

Game, A. (1991), Undoing the Social: Towards a Deconstructive Sociology, Toronto, University of Toronto Press.

Gammer, C. (2008), *The Child's Voice in Family Therapy: A Systemic Perspective,* W. W. Norton & Company.

Garrigou-Lagrange, R., Cummins, P. (1950), *Reality—A Synthesis Of Thomistic Thought,* St. Louis, Mo.: Herder.

Gerdes, K. E. Segal, E. A. (2009), A social work model of empathy. Advances in Social Work Practice, *Social Work* 10(2), 114-127.

Gerdes, K. E. (2011), Introduction: 21st century conceptualizations of empathy: Implications for social work practice and research, *Journal of Social Service Research,* 37(3), 226-229.

Gilgun, J.F. (2008), *The Four Cornerstones of Evidence-Based Practice in Social Work,* Jane Gilgun Books.

Ginsberg, L.H., Ginsberg, L. (2008), *Management and Leadership in Social Work Practice and Education,* Council on Social Work Education.

Goroff, *N. (1981), Humanism and Social Work Paradoxes,* Problems, and Promises, The Journal of Sociology & Social Welfare: Vol. 8: Iss. 1.

Hall, E., Hall C. (1988), *Human relations in education.* Psychology Press.

TRAVAIL SOCIAL HUMANISTE :
La personnalité et les relations humaines
– ressources et valeurs principales de la pratique

Harel, I., Papert, S. (1991), *Constructionism,* Norwood, Ablex Publishing Corporation.

Hamblin, R. L., Buckholdt, D., Ferritor, D., Kozloff, M., Blackwell, L. (1971), *The Humanization Processes: A Social, Behavioral Analysis of Children's Problems,* Krieger Pub Co.

Hamilton, E., Cairns, H., Cooper, L. (2005), *The Collected Dialogues of Plato: Including the Letters,* Princeton University Press.

Hardcastle, A. (2011), *Theories and Skills for Social Workers,* 3 edition, Oxford University Press.

Healy, L. (2008), *International social work: Professional action in an interdependent world.* 2d ed. Oxford: Oxford Univ. Press.

Hepworth, D. H. și al. (2009), *Direct Social Work Practice: Theory and Skills,* 8 edition Cengage Learning.

Hobson, J.A. (1933), *Rationalism and Humanism,* London: Watts & Co.

Hoffman, M.L. (2000), *Empathy and moral development: Implications for caring and justice.* New York: Cambridge University Press.

Howe, D. (1995), *Attachment Theory for Social Work Practice,* Palgrave Macmillan.

Hughes, D.A. (2000), *Facilitating Developmental Attachment: The Road to Emotional Recovery and Behavioral Change in Foster and Adopted Children,* Jason Aronson, Inc.

Ife, J. (2012), *Human Rights and Social Work: Towards Rights-Based Practice,* Cambridge University Press.

Jones, C. (1993), New Perspectives on the Welfare State in Europe, London: Routledge.

Kadushin, A., Harkness, D. (2014), *Supervision in Social Work,* 5e, Columbia University Press.

Kelly G.A. (1991), *The Psychology of Personal Constructs,* London: Routledge.

Kosman, A. (2013), *The Activity of Being: An Essay on Aristotle's Ontology,* Harvard University Press.

Kostelnik, M. (2011), *Guiding Children's Social Development and Learning (What's New in Early Childhood),* Cengage Learning.

Kreeft, P. (1992), *Back to Virtue: Traditional Moral Wisdom for Modern Moral Confusion,* Ignatius Press.

Kroeber, A. L., Kluckhohn, C. (1952), *Culture: A Critical Review of Concepts and Definitions,* New York: Vintage Books.

TRAVAIL SOCIAL HUMANISTE :
La personnalité et les relations humaines
– ressources et valeurs principales de la pratique

Lacan, J. (1991), *The Seminar of Jacques Lacan: Book II: The Ego in Freud's Theory and in the Technique of Psychoanalysis* , W. W. Norton & Company, 1991.

Langan, T. (2009), *Human Being: A Philosophical Anthropology*, University of Missouri Press.

Lavalette, M. (ed.) (2011), *Radical Social Work Today: Social Work at the Crossroads*, Bristol: Policy Press.

Leight, A. K. (2001), Transpersonalism and social work practice: Awakening to new dimension for client self-determination, empowerment, and growth[A]. In E. R.Canda & E. D. Smith (ed.). *Transpersonal perspectives on spirituality in social work* (pp.63-76)[C]. New York: The Haworth Press, Inc.

Lerner, M. (2011), *Education And A Radical Humanism: Notes Toward A Theory Of The Educational Crisis,* Licensing, LLC.

Levi-Strauss, C. (1969), *The elementary structures of kinship*, Beacon Press, Boston.

Lietz, C. A. și al. (2011), The empathy assessment index (EAI): A confirmatory factor analysis of a five component model of empathy, *Journal of the Society for Social Work and Research*, 2(2), 104-124.

Lilienthal, D.E. (1967), *Management: A Humanist Art*, Carnegie Institute of Technology.

Lock, A., Strong, T. (2010), *Social constructionism: Sources and stirrings in theory and practice*, New York: Cambridge University Press.

Lukacs, G. (1978), *Ontology of Social Being*, Volume 1, Hegel, Merlin Press.

Madanes, C. (2006), *The Therapist as Humanist, Social Activist, and Systemic Thinker*, Zeig, Tucker & Theisen, Inc.

Maddi, S.R., Costa, O.T. (1972), *Humanism in Personology: Allport, Maslow, and Murray* (Perspectives on personality), Aldine•Atherton.

May, G.G. (1987), *Will and Spirit: A Contemplative Psychology*, HarperOne.

Mc Call, L.A. (2001), *The McCall Body Balance Method : Simple Concepts for Ageless Movement*, Lisa Mccall.

McLaren, N. (2010), *Humanizing Psychiatrists: Toward a Humane Psychiatry*, Future Psychiatry Press.

Miller, J.P. (1999), *Education and the Soul: Toward a Spiritual Curriculum*, State University of New York Press.

Miller, J.P. (2005), *Holistic Learning And Spirituality In Education*: Breaking New Ground, State University of New York Press.

Moody R., Carroll, D. (1997), *The Five Stages of the Soul: Charting the Spiritual Passages That Shape Our Lives*, New York: Anchor Books.

TRAVAIL SOCIAL HUMANISTE :
La personnalité et les relations humaines
– ressources et valeurs principales de la pratique

Moghaddam, F.M. (1998), *Social psychology*, New York: W.H. Freeman end Company.

Moore, T. (1994), *Care of the Soul : A Guide for Cultivating Depth and Sacredness in Everyday Life*, HarperPerennial.

Moore, T. (1994), *Soul Mates: Honoring the Mystery of Love and Relationship*, HarperPerennial.

Moustakas, C. (1994), *Phenomenological Research Methods*, Thousand Oaks, California: Sage Publications.

Netting, F.E., Kettner, P.M., McMurtry, S.L., Thomas, M.L. (2011), *Social Work Macro Practice* (5th Edition), Pearson.

Nolan, P., Lenski, G. (2010), *Human Societies: An Introduction to Macrosociology*, Oxford University Press.

Parris, M. 2013), *An introduction to social work practice*, Open University Press.

Parsons, T. (1978), Social Systems and the Evolution of Action Theory, New York: Free Press.

Pound, R. (1996), *Social Control through Law*, Transaction Publishers.

Reamer, F. G. (1993), *The philosophical foundations of social work*, New York: Columbia University.

Rickert, H. (1986), *The Limits of Concept Formation in Natural Science,* Cambridge University Press.

Rutter, S.M, Smith, D.J. (1995), *Psychosocial Disorders in Young People: Time Trends and Their Causes*, Wiley.

Sandu, A. (2013), *Social Work Practice: Research Techniques and Intervention Models: From Problem Solving to Appreciative Inquiry*, LAP LAMBERT Academic Publishing.

Sartre, J.P. (1943), *L'être et le néant: Essai d'ontologie phénoménologique.* Paris: Gallimard.

Schreurs, A. (2001), *Psychotherapy and Spirituality: Integrating the Spiritual Dimension into Therapeutic Practice*, Jessica Kingsley Pub.

Segal, E.A., Gerdes, K.E., Steiner, S. (2010), *An introduction to the profession of social work* (3rd ed.), Belmont, CA: Brooks/Cole.

Seidman, B.F. (2004), *Toward A New Political Humanism*, Prometheus Books.

Seligman, M. E. P. (2002), *Authentic Happiness.* New York: Free Press.

Schutz A. (1972), *The Phenomenology of the Social World*, London: Heinemann Educational Books.

Shebib, B. (2002), *Choices: Counseling Skills for Social Workers and Other Professionals*, Pearson.

TRAVAIL SOCIAL HUMANISTE :
La personnalité et les relations humaines
– ressources et valeurs principales de la pratique

Sinnott-Armstrong, W. (2014), *Moral Psychology: Free Will and Moral Responsibility*. A Bradford Book.

Smith, D. (2004), *Social work and evidence based practice,* London: Jessica, Kingsley.

Sousa, D.A. (2010), *Mind, Brain and Education: Neuroscience Implications for the Classroom,* Hardcover Solution Tree.

Stairs, J. (2000), *Listening for the Soul: Pastoral Care and Spiritual Direction,* Fortress Press.

Stern, E.M., Kramer, S.Z. (1995), *Transforming the Inner and Outer Family: Humanistic and Spiritual Approaches to Mind-Body Systems Therapy,* Routledge.

Stone, J.D. (1999*), Soul Psychology: How to Clear Negative Emotions and Spiritualize Your Life,* Wellspring/Ballantine.

Storr, A. (1992), *The Integrity of the Personality*, Ballantine Books.

Tanzi, E.R., Chopra, D. (2013), *Super Brain: Unleashing the Explosive Power of Your Mind to Maximize Health, Happiness, and Spiritual Well-Being,* Harmony.

Timberlake, E.M., Cutler, M.M. (2000), *Developmental Play Therapy in Clinical Social Work*, Pearson.

Vincent, J-D., Hughes, J. (1990), *The Biology of Emotions*, Blackwell Pub.

Ward, C.C. (2010), *Strength-Centered Counseling: Integrating Postmodern Approaches and Skills With Practice*, SAGE Publications, Inc.

www.books.google.ro/.

ifsw.org/.

www.ohchr.org/EN/UDHR.

www.lyceumbooks.com/HumanisticSocialWork.htm.

www.scribd.com/.

www.un.org/en/documents/udhr/.

TRAVAIL SOCIAL HUMANISTE :
La personnalité et les relations humaines
– ressources et valeurs principales de la pratique

Petru Stefaroi:

TRAVAIL SOCIAL HUMANISTE :
La personnalité et les relations humaines – ressources principales de la pratique

Octobre, 2015

CreateSpace, Charleston SC,
Amazon.com, USA

Disponible sur Amazon.com, Amazon Europe,
CreateSpace Store, ainsi que sur
autres magasins en ligne de vente au détail

http://www.amazon.com/
https://www.createspace.com/

CreateSpace
4900 LaCross Road
North Charleston, SC 29406

L'adresse e-mail de l'auteur:
petrustefaroi@yahoo.com

TRAVAIL SOCIAL HUMANISTE :
La personnalité et les relations humaines
– ressources et valeurs principales de la pratique

Le Projet TRAVAIL SOCIAL HUMANISTE
The HUMANISTIC SOCIAL WORK Project